Best Time

白 马 时 光

哈哈，快乐的一家五口。

哈哈哈，最小那个还在肚子里呢。

你们都是我的 小天使 啊。

每天和小拍一起亲子阅读，是我们最快乐的时光。

小拍轻轻抚摸熟睡的 Lisa，温柔有爱。

顽皮的宁宁正在爬窗子。

身穿公主裙也束缚不住一颗自由飞翔的心。

小拍在准备亲手做一个蛋糕，看她搅拌的样子，好认真。

学校组织的活动，
和同学们一起建凉亭。

小拍捧着小刺猬，细细地看着，这一幕刚好被我看到。

小拍的画作，以及她动手编织的小花篮。

小拍的日记里常常会有些让人
意外的思考。

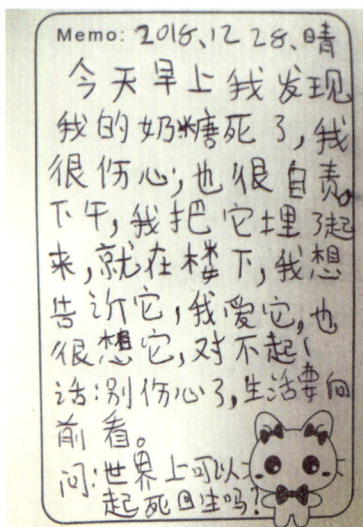

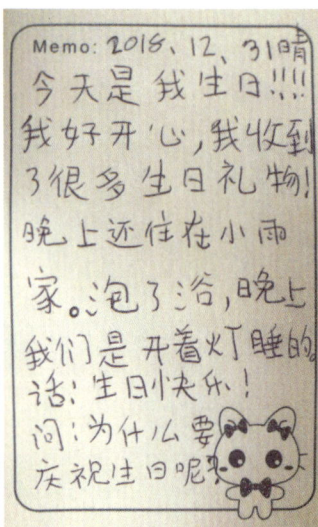

Memo: 2018、12、28、晴

今天早上我发现
我的奶糖死了，我
很伤心，也很自责，
下午，我把它埋起
来，就在楼下，我想
告诉它，我爱它，也
很想它，对不起
话：别伤心了，生活要向
前看。
问：世界上可以
起死回生吗？

Memo: 2018、12、31晴

今天是我生日!!!!
我好开心，我收到
了很多生日礼物！
晚上还住在小雨
家。泡了浴，晚上
我们是开着灯睡的
话：生日快乐！
问：为什么要
庆祝生日呢？

小拍和宁宁就是一对欢喜冤家，
一会儿打闹不停，一会儿又姐妹情深。

MAMA

🍒 宁宁陪妹妹睡觉，乖，摸摸头。

谢谢你们来到我身边。

同理心养育

爱读童书妈妈小莉 ◎ 著

百花洲文艺出版社
BAIHUAZHOU LITERATURE AND ART PRESS

图书在版编目（CIP）数据

同理心养育 / 爱读童书妈妈小莉著 . — 南昌：百
花洲文艺出版社，2019.8
ISBN 978-7-5500-3307-8

Ⅰ.①同… Ⅱ.①爱… Ⅲ.①儿童教育－家庭教育
Ⅳ.① G782

中国版本图书馆 CIP 数据核字（2019）第 137760 号

同理心养育
TONG LI XIN YANGYU

爱读童书妈妈小莉　著

出 版 人	章华荣	
出 品 人	李国靖	
特约监制	王　瑜	
责任编辑	刘　云	
特约策划	何亚娟　刘洁丽	
特约编辑	刘洁丽　郭　欢	
封面设计	林　丽	
版式设计	王雨晨	
封面图片	视觉中国	
出版发行	百花洲文艺出版社	
社　　址	南昌市红谷滩世贸路 898 号博能中心Ⅰ期 A 座 20 楼	
邮　　编	330038	
经　　销	全国新华书店	
印　　刷	三河市金元印装有限公司	
开　　本	680mm×970mm　　1/16	
印　　张	19.5	
字　　数	260 千字	
版　　次	2019 年 8 月第 1 版第 1 次印刷	
书　　号	ISBN 978-7-5500-3307-8	
定　　价	56.00 元	

赣版权登字：05-2019-145
版权所有，侵权必究
发行电话　0791-86895108
网　　址　http://www.bhzwy.com
图书若有印装错误，影响阅读，可向承印厂联系调换。

目 录 Contents

目　录

目　录 Contents

亲爱的孩子，谢谢你

小拍的学校最近正在做一些教学调整，放学时间比以前晚了不少。

7点15分她才回家，我抬头说："你放学时间比较晚，两个妹妹吃饭比较慢，所以我们没等你就先吃了。"

本来就有些疲惫，听我这么一说，小拍嘟起小嘴巴。

把书包放回房间后，来到餐桌前，看着眼前的残羹冷炙，她更加不高兴了，嘟囔道："都没有我喜欢吃的，不想吃了。"

"这个蒜薹挺好吃的啊，你尝一下。"我说。

"我不想尝。"她摇摇头。

她顿了一会儿，放下手中的筷子，说道："妈妈，我想吃西红柿炒鸡蛋，我自己来炒。"

"好啊，你去炒吧，炒完了妈妈也尝尝。"

十多分钟后，一小碗西红柿炒鸡蛋上桌了。"妈妈，你尝尝。"她期待地看着我。

我尝了一口，说："味道还真不错。"

看她吃着自己亲手炒的菜，狼吞虎咽又异常满足的样子，一刹那，我忽然有点羡慕眼前这个小姑娘。换作是我，虽然吃剩饭心里不爽，但将就一下也就过去了。可她不，她不怕麻烦，也不愿将就自己，还能用自己的双手炒出想吃的菜，把本来糟心的一顿饭吃出满满的幸福感。

如果是多年前，看到孩子赌气翘起的小嘴巴，我心里就开始着急了，听到她生气不想吃，估计早就开始讲道理：吃饭不要太挑，阿姨做饭很辛苦之类。如果孩子还不听，最后直接撂下一句，你爱吃不吃，弄得双方不欢而散。

当我带着同理心，看到孩子在此刻的情绪和需求，放下内在的评判时，我也越来越自在，是的，我越来越爱这样柔软、平和的自己。

回顾自己这三十多年的人生经历，从小我就是乖乖女，知道父母养家很辛苦，便努力学习，顺利考上武大，进入报社工作，一路都顺利得让旁人艳羡。直到有了孩子，我才知道，世界上有一种不易叫养孩子，面对孩子持续的挑战和哭闹，我不仅手足无措，有时甚至产生深深的挫败感。

孩子快 3 岁，进入幼儿园时，我们一起经历了长达近一年的分离焦虑。我还常常会想起那些时刻，孩子死死抓住沙发不肯走，被我们强力掰开一个个小手指，扛在肩上，一路放声大哭走到幼儿园。她的哭声使我痛下决心，我买了很多育儿和心理学的书，孩子睡下后再慢慢啃，参加很多家教课程，走上了一条不断学习的自我成长之路。

一个人走，很孤独。

2013 年年底，因为爱好童书，加上大学学的播音主持专业，我把自己讲的故事音频上传到微信公众号，很快吸引了大批妈妈们的关注。

每天都有妈妈给我留言，和我分享她们的孩子有多喜欢听我讲故事，有时候她们也会和我倾诉育儿中遇到的难题，比如孩子到点不肯睡觉，做事特别磨蹭……这些困惑和疑问不也是我曾经经历或者正在经历的吗？

处女座的完美主义激发我去学习和思考，和妈妈们的交流也常常会启发我，我也很想知道，爱和自由究竟有没有边界，父母和孩子的需求发生冲突，究竟要怎样温和而坚定地去解决……我把这些交流和想法记录下来，分享在微信公众号，文章发出后，又一条一条看大家的留言和评论。

有的妈妈说："同理心，听起来很容易，可要做到太难了，孩子需要理解，那谁来为妈妈们考虑？我们焦虑、难过的时候，谁来同理我？"

有的妈妈说："道理都懂，学的也不少了，可一旦在现实中面临挑战，那种原始的、最深层的负面反应模式又本能窜出来了，却无计可施。"

我慢慢地了解到，只要父母没有真正认识自己、爱自己，只要我们内在充满恐惧和担忧，那么上再多的课程，什么正面管教，萨提亚家庭治疗模式，P.E.T. 父母效能训练……这些育儿知识和方法都只能停留在大脑，无法深入我们的骨髓，转化成当下的行动。

当我真正爱自己，肯定自己，同时放下控制和改造孩子的欲望，用同理心看见孩子的需求，不评判，只在必要时表达我的感受，当我真正柔软下来，放下我的恐惧和焦虑，我发现，孩子竟也变得越来越可爱。

感谢自己这么多年的学习，感谢三个孩子，感谢拍爸，也感谢我的父母，虽然他们没办法给我无条件的爱，但给了我自由和探索的空间。

我越来越肯定，生命中邂逅的每个人，父母、孩子、爱人，甚至同学、同事，他们都是来帮助我成长的，而给我带来挑战最多的那个，也给我带来最大的蜕变。

前几天清明节，我和小拍聊到："很久以后，有一天妈妈也会离开你，我会变成天上的一颗星星，虽然不能跟你说话，但我会一直在天上陪着你，你的快乐和伤心，妈妈都看在眼里。"

"妈妈，那如果我想你了，我就把想对你说的话写在纸条上，然后把它放进一个红气球里，让红气球去天上找你。"

那一刻，我泪流满面。

亲爱的孩子，谢谢你。余生很长，因为有你，我不再慌张。

爱读童书妈妈小莉

2019 年 6 月

第一章

家庭教育：做个好园丁而不是木匠

孩子天生对世界充满好奇和兴趣，很多在我们眼中"不可以"的事情，对他们而言，正是探索和认识这个世界的一种方式。让他透过自己的眼睛去眺望、去感受、去体验，形成他独有的经历，写进他的自我。从孩子出发，我们要做个好园丁，而不是木匠。

孩子的世界里没有什么是"应该"的

在孩子的世界里，孩子就是孩子，没有什么是他们"应该"喜欢的，或者"应该"不喜欢的。

小拍在学校的主课最近学到建筑版块，除了了解世界上各种不同的建筑之外，还需要在学校的农庄上建一个真正的小房子（据说是个凉亭），这需要家长们的帮忙。我这个手残星人虽然帮不上什么忙，也被小拍要求友情出席一下。这里要特别表扬一下拍爸，他可是脱了鞋子，在广州的凄风苦雨中光脚下地干活儿啊。

大家热火朝天地干了半天，雨越下越大，于是大家就在旁边的亭子里避雨。有位同学发现旁边的水池里有好多蝌蚪，就拿了不知从哪儿弄来的塑料盒捞了几只起来。

在一旁的同学们看见了可不得了，都兴奋地叫嚷着也要去捞，可手头没有工具。小拍跑来问爸爸，爸爸说车上有矿泉水，小拍就说要去车上拿。

我一听脑袋就大了，为了找个矿泉水瓶捞蝌蚪，要专门跑去停车场，还要把矿泉水一口气喝光，不然就要浪费地倒掉，实在太麻烦了，再说这么多孩子也都没工具捞啊，你搞什么特殊？唉，都 9 岁多的大孩子了，怎么还这么幼稚呢，捞蝌蚪不是两三岁小孩才喜欢干的吗？

这一连串的想法在我脑子里乱窜，我能感觉到，似乎有股强烈的气流憋在我喉咙口，随时准备喷涌而出。好在读了这么多书，上了这么多课程，也是身经百战的仨宝妈了，可不能轻易破功，我尽量忍住不发作。

如果是我带着她一个人在外面，估计我又开始评判她，并试图说服她："这是小孩子才干的，我们看看就行了，捞起来也没什么用。"可看到她身边的同龄孩子们，个个都围着水池，想要去找什么容器来捞，这是怎样一幅童心烂漫、让人艳羡的画面。

我忽然意识到，9 岁多也是小孩子，对大自然的一切充满欣喜，充满好奇，这难道不是一个孩子正常的心理需求吗？为什么我要认为她"幼稚，不懂事"呢？退一万步来说，就算是个大人，想去捞蝌蚪来玩，我们是不是也会羡慕他有童心，而不是讥笑他"幼稚""无聊"？我发现，对于 9 岁多的孩子究竟应该做什么，不应该做什么，**我们每个人内心的接纳标准是不同的，即使是同样的事情，在不同的情形下，我们每个人的接纳程度也不同。**

我想起有一天在小区楼下遛娃，碰到一个相熟的爸爸，他家的老大今年上五年级，正在旁边的滑滑梯那儿跟一帮小孩玩得高兴。爸爸叫他回去他也不肯，爸爸摇摇头，无可奈何地说："你看我家这个哥哥，怎么好像永远长不大似的，总跟小孩子玩这些无聊的游戏，浪费时间。"

一旁的我笑了笑安慰他："我家老大也一样啊，三年级了还看我给妹妹买的绘本、布书，你家老大这样多好啊，还能帮着带老二，陪老二一起玩，我求之不得啊。"

转念一想，如果上午在农庄，是宁宁想捞蝌蚪，然后小拍也觉得捞蝌蚪好玩，就带着妹妹一起捞。想象她俩一起捞蝌蚪，兴致勃勃、岁月静好的样子，我还会评判地说出"捞蝌蚪是小宝宝才喜欢干的事，你都三年级了，怎么还这么幼稚啊"的话吗？

我心里想的一定是：姐姐真懂事，愿意帮妈妈带着妹妹一起玩，让我这妈当得轻松愉快。

写到这里，忽然有些脸红，同样是孩子想要捞蝌蚪这件事，因为情境不同，我竟然给出了完全相反的结论。所以简单来说：我赞同的，对我有利的就是好的，应该的；而我反对的，对我不利的就是坏的，不应该的。以这样的评价标准来断定孩子的行为，我也是活脱脱巨婴一个啊。

生活中，当孩子做出我们无法接纳的行为，我们其实只要坦诚地就事论事，跟孩子说明这件事将会给他自己造成什么影响，将会产生什么样的感受，至于最后他选择继续还是终止这个行为，选择权交给他自己。

但太多的时候，我们家长做不到这样的坦诚，我们习惯性地去评价孩子的要求不合理，他应该怎样，不应该怎样。结果常常解决不了任何问题，还让亲子关系陷入僵局。比如有时候我从外面回来，一进家门，宁宁就跑过来，边跑边奶声奶气地喊着："妈妈抱，妈妈抱。"我蹲下一把就把她抱起来了，后面的小 Lisa 也尖叫着"姆～妈""姆～妈"，奋力地要爬到门边来，我赶紧又蹲下去抱这个更小的。

从房间里冲出来的小拍看到我左手一个，右手一个，脸上立马晴转阴，"哼，不可以先抱她们，要先抱我。"

起初面临这种情形，我都试着先解释，"你是姐姐嘛，干吗跟她们计较，先抱谁，后抱谁都是一样的。"

如果小拍还不理解，闹脾气，我就会责怪她，"你怎么这么不懂事，妈妈先抱了妹妹你就生气，Lisa 和宁宁抢妈妈抱还差不多，你都 9 岁了怎么还抢，妈妈单独抱你那么多年……"

这样说的结果可想而知，要么是姐妹几个厮打在一起，进入你争我抢、你喊我叫的战斗模式，要么是她一个人气呼呼地跑回房间的冷战模式。

这样的情景发生了几次后，有一天碰到楼上的明明妈，她家也是三个孩子，我忍不住跟她求教，结果她说："我们家姐姐11岁了还不是一样抢着要抱的。"我问她那你怎么办？她笑笑说："凉拌，不过甭管9岁还是11岁，都还是孩子嘛，多理解就好了。"

简单一句话，仿佛一语点醒梦中人，人家11岁的孩子也是一样跟弟弟妹妹抢妈妈，为什么我就要求9岁的小拍要"懂事"，不应该跟妹妹抢呢？后来，我找了个机会跟小拍坦诚我的难处，"妈妈从外面回来，你们三个都想让妈妈先抱，我觉得很为难。"

"哼，我每次出来都看见你抱着宁宁。"

"因为宁宁就在客厅，她跑得飞快，一下子就冲到我面前了，让我不理她，妈妈觉得很难做到，我只能是谁先跑到妈妈面前就先抱谁了。"

"我在房间写作业，肯定没有她在外面跑得快啊！"

"嗯，你想让妈妈先抱你？"我尝试倾听她的需求。

"那就按先后顺序，每个人只能抱1分钟，然后就轮到下一个。"

"嗯，这是个好办法。"

当我愿意诚实地和孩子坦诚我的弱点，表达我的感受，并愿意倾听她的需求，而不去设定她应该如何如何，解决方法就会自然地浮出水面。

从小到大，我们听了太多的"应该"。

看蚂蚁、玩泥巴那是幼儿园孩子才喜欢的，长大了，就不应该再做这些事；

上学了，就应该背起双手，两耳不闻窗外事，一心只读圣贤书；

工作了，就应该好好上班，努力赚钱，买房买车；

三十多岁了，就应该找个人嫁了，别挑三拣四。

人生没有按照这些"应该"一步步走下去，那就是人生失败。

我不是说这些"应该"本身有什么错，我只是想说，如果没做到，并不代表生活就一定不如意。

孩子就是孩子，没有什么是他们"应该"喜欢的，或者"应该"不喜欢的。

"外面下着雨，妈妈不想去停车场拿矿泉水瓶。"我坦诚地说。

"我跟心心借把伞，你把车钥匙给我，我自己去车上拿。"两个小姑娘果真结伴去拿了矿泉水瓶，然后打着伞，从水池里捞起了好几只蝌蚪。透过矿泉水瓶，看到她们那兴奋得发亮的眼睛，一旁的我暗自庆幸，这一次，我终于咽下了那句"应该"。

因为爱，请多尝试说"可以"

"可以"意味着孩子才是主动，让孩子觉得自己拥有选择权，更愿意去做。多跟孩子说"可以"，以一种柔软的姿态，去跟孩子表达"不"。

宁宁 1 岁多的时候就迈入了令人闻风丧胆的"Terrible Two"阶段，特别有主见，凡事都得按她的意思办，不接受任何"不可以"。否则，一律撒泼打滚、翻脸大哭伺候。

早上起床，这么冷的天，不穿衣服就要跑到客厅里玩，我们不让，就大哭；阿姨做饭，她非得跟进厨房去，踩着小板凳把酱油、醋洒满了一灶台，我们不准，就大哭。

虽然为娘我早有心理准备，但每天还是因为她的哭声，受到了一万点的暴击。"不行，不要，不可以"，这应该是妈妈们每天说得最多的话了，几乎成了口头禅。而且，不仅仅是"Terrible Two"，即使是平时，很多妈妈也免不了说上百遍的"不"，效果往往还不怎么样。孩子身上仿佛都有个开关，能自动过滤这些"不"，他们对此都免疫了。结果就是，你在一边喊，他在一边闹。

有没有更好的办法呢？

在我心里，一直有一个平凡的词，对孩子不专制、不纵容，比说"不"

好多了。这段时间，用在宁宁身上感觉效果也不错。我甚至认为它是一个有魔力的词，而这个词就是——"可以"。

记得有一次，我带宁宁去叔叔家里玩。宁宁渴了，拿着个小杯子，走到饮水机前，准备接水喝。

平时在我们家里，热水的那一边装了一个防烫装置，宁宁是按不动的。但叔叔家的孩子大了，热水那一边一按就可以出水。可宁宁不明所以，正准备伸手去按。幸好我眼尖看见，一个箭步走到她身边，蹲下来对她说："宁宁可以从这边接水，这边是冷水，那边是热水，会烫。"

宁宁听完，停住想了一下，然后从冷水处接了杯水，就默默地走开了。

一次危机，就这样悄悄化解了。要知道，如果我张嘴说的是"不要动饮水机"，依她这段时间动不动就"暴起"的特点，她一定会把杯子一扔，屁股一坐，躺在地上"哇哇"大哭。

为什么小孩都不能接受"不"？

心理学有个非常有名的"粉红大象"实验：请闭上眼睛，接着和自己默念 3 遍：

"不要想象一只粉红色的大象！"

"不要想象一只粉红色的大象！"

"不要想象一只粉红色的大象！"

然后睁开眼睛，你发现眼前的是什么呢？

人类的大脑机制决定了，对孩子说"不"，孩子往往会对"不"的内容印象更深刻。有时甚至还会激起孩子的逆反心理，越不让干越要干。

而"可以"这个词，一说出来，首先就让孩子觉得，父母和自己是站在同一阵线的，是接纳自己、尊敬自己的。

"可以"还意味着，孩子才是主动，它让孩子觉得自己拥有选择权，

更愿意去做。

所以，跟孩子说"可以"吧，以一种柔软的姿态，去跟孩子表达"不"。

最近在一本书上，还看到了一个小故事：

放暑假了，小玉妈妈带小玉去郊游。天气很热，很多小朋友在水潭边玩水。这时候，在下游没什么人的地方，传来了一位爸爸对儿子的吼叫声，"不可以把石头往水里扔！"

儿子听到爸爸的话，立马把手缩了回来，可是爸爸一扭头，他又忍不住，把手里的石头扔进了水里。

爸爸看见了，非常生气，开口就是一顿骂，骂了足足两分钟，而孩子一直哭个不停。

整个过程，爸爸还故意很大声，有意让周围的家长、小孩都能听到。于是，大家的心情不禁都烦躁了起来。

小玉很不解地问妈妈，"为什么不可以往水里扔石头呢？水里又没人。而且，石头本来就是在水里的呀，这又不会破坏环境。"

小玉的问题，让妈妈也答不上来了。妈妈不禁开始思考，生活中，我们给孩子下的各种禁令，自己真的能说出道理吗？

想想也的确如此，**禁止，是最简单的管教方式，可很多时候我们说的"不"，深究原因其实并不是为了小孩，而是为了我们自己。**

1. 为了自己方便而设的"不可以"

不要踩水、不要玩沙、不要乱摸乱爬……其实，我们真正害怕的，是孩子弄脏了自己，我们清洗、整理起来会很麻烦。我们不喜欢的是这些行为带来的后果，而非这些行为。

2. 为了他人观感而设的"不可以"

不可以不分享、不可以动来动去、不可以吵到阿姨……这一类口头禁令，看起来是对孩子的要求，实际上是说给别人听的，期待着别人对自己管教的理解。

3. 为了解决自己的焦虑和担心而设的"不可以"

不要爬树、不要跑太快……父母可能不擅长运动，或者个性比较谨慎、保守，因此担心孩子的安全，禁止孩子参加一些活动。其实，你不擅长的东西，或许正好是孩子喜欢和擅长的。

孩子天生对世界充满好奇和兴趣，很多在我们眼中"不可以"的事情，对他们而言，正是探索和认识这个世界的一种方式。

一句"不可以"，可以直接帮大人省下不少麻烦。但是，孩子也失去了尝试与学习的权利，失去了了解自己的能力、个性与兴趣的机会。因此每当我们想说"不"的时候，先问问自己"不"背后的真正原因，会发现很多"不"真的可以不必说了。不为了禁止而禁止，孩子才会带给我们意想不到的惊喜。

既然要多说"可以"，少说"不"，那具体怎么做呢？我总结了一些小方法，跟大家一起分享。

1. 以退为进

当我们确实需要限制孩子的一些行为时，试试用"以退为进"的方式来取得合作。表面上是允许了孩子的行为，但还是要做出一些限定条件。

比如：该回家了，孩子还是不肯离开滑滑梯，不说"不可以"，而说"你可以再玩一会儿，妈妈用手机设定一个 3 分钟的闹钟，闹钟响了就走。"

想吃糖？不说"不可以"，而是从具体的场景入手——如果饭前想吃，我们可以说："还有 15 分钟就要吃饭咯，如果你现在真的很饿，可以吃，但是只能吃一颗。"

2. 冲突时跟孩子协商

当跟孩子发生冲突时，尝试放下一定要说服孩子的执念，尊重孩子的需求，努力寻找一个双方都可以接受的解决办法，你会发现孩子其实很好商量。

有一天，宁宁突然说要去公园玩，但我实在没空，于是跟她商量："当然可以啦，妈妈这两天要赶着写文章，等到这周六，爸爸妈妈再陪你一起去好不好？还可以叫上姐姐一起玩呢！就像上次一样……"

虽然宁宁现在还搞不明白周六是哪一天，但一想到可以跟上次去公园一样，爸爸、妈妈、姐姐都陪在身边，就觉得可以接受了。当然，我们要做信守承诺的父母。

3. 在游戏中让孩子合作

孩子会发脾气、闹情绪、不配合，我们可以换个思路，通过游戏的方式去表达，在乐趣和正面的肯定中，孩子会更愿意合作。

比如宁宁不想洗澡，我会跟她说："那我们可以拿上你的小黄鸭，去澡盆玩潜水。"宁宁立马屁颠屁颠地去拿小黄鸭了。

宁宁不愿收玩具，我是这么说的："那你可能需要先吃一颗'大力丸'，就会变得很有力气了，可以一口气把所有玩具收完！"

然后，我声势浩大地开始变魔法，变给她一颗"大力丸"，宁宁欢快地开始收玩具了。

其实，说"不"与说"可以"的区别，归根到底是一种思维模式的差异。

"宝贝，你可以……"这句话背后，隐藏的是一种成长型的思维模式，意味着这个世界是欢迎孩子探索的，是鼓励孩子不断挑战、不断学习的。孩子是主动方，而不是被限制者。

而说"不"，更多的，是一种固定型思维模式，让孩子感觉到的是一个世界的封闭和危险。

我们把孩子带到这个世界，是想让他透过自己的眼睛去眺望、去感受、去体验，形成他独有的经历，写进他的自我。愿家长能多多对你的孩子说"你可以"。

不要用约定和承诺来控制孩子

　　用"人性"去理解孩子，而不用"神性"去要求孩子，不要试图约束和控制孩子，而要尊重他并引导他。

　　前段时间，拍爸工作很忙，我要花更多时间看顾宁宁。小拍放学回家做完作业就拿我手机玩，我跟她约定，每次只能玩 15 分钟，结果到了时间她还想玩。

　　好几次我忍不住会批评她："你答应妈妈玩 15 分钟就不玩的，你应该遵守约定，你看妈妈答应你的事都会做到。"

　　我说得振振有词，小拍哑口无言，大多数情况下，我跟她说完，哪怕她百般不情愿，也会把手机还给我。可是有一次，她玩得实在太投入了，被我这么一责备，她情绪突然变得特别激动。

　　她哭着对我说："妈妈，我知道这样不对，可我就是忍不住啊，你就给我多玩一会儿吧！"

　　看着她梨花带雨的可怜样，我心里也非常难受。

　　那一刻，我有点怀疑，我坚持让她履行约定真的合理吗？让孩子这么难受，这个约定难道就一点问题都没有吗？孩子控制不住自己，想要多玩几分钟手机，真有那么不可饶恕，要给她贴上"不守信""说话不算数"的标签吗？

我开始迷茫了。

不要和孩子签订"不平等条约"

后来，我在尹建莉老师的新书《自由的孩子最自觉》里看到这样一段话：

孩子在不能辨析"条约"本身是否合理的情况下和你"签约"，你却在最后拿出这"不平等条约"来批评孩子说话不算数，让孩子丢面子、自惭形秽——这是强势家长经常对孩子做的事，因为小孩子实在太好欺负了！

我突然顿悟，我和小拍约定只能看 15 分钟手机的"条款"同样是"不平等条约"啊。表面上看，是小拍说话不算数，可仔细想想"只能看15 分钟"的约定，并不是小拍真正想要的啊。因为孩子心里非常清楚，如果不同意这个 15 分钟的约定，结果肯定是不给看手机，相比 1 分钟也看不了，15 分钟当然也是好的，她只能选择答应。孩子都是活在当下的，出于本能，她肯定选择先看 15 分钟，满足自己眼前的需求。可是过了 15分钟，她玩得开心控制不住自己，还想继续看，这也是本能的反应啊。

记得心理学家勒温说过：人类有一种自然倾向去完成一个行为单位，如：去解答一个谜语、学习一本书等，这叫"心理张力"。

比如，你一笔画一个圆圈，在接口处留出一点儿空白，回头再看这个圆，你脑中肯定会涌现出要填补这段空白弧形的意念。人总是企图满足自己的内心需要，对于未完成的心愿和动作，会竭力想办法解决，以获得心理上的满足。像渴了要喝水、饿了要吃东西一样，这是心理的本能需要。孩子忘情地玩着她感兴趣的手机，我却让她中途停下来，这对她来说是多么痛苦的一件事情啊。

我想起一个朋友曾跟我说，当她饥肠辘辘，正美滋滋地吃着最爱的鸡翅时，她老公突然跟她说："你不是在减肥吗？别吃了！"她说，那一刻那种纠结到肠子都打结的心情，至今仍印象深刻。

对自己感兴趣的事情，成人尚且控制不住自己，我们又怎么忍心去苛责孩子呢？

孩子没能力辨析你和他签订的"条约"是否合理，他也没能力对自己的行为做出准确预测。

我们忽略孩子的年龄和他实际的自我约束能力，与他签订"不平等的条约"，最后还反过来批评孩子说话不算数，给他贴上"不守信"的标签，让他对自己失望。

这等同于，我们提前挖好坑，让孩子掉进去，最后还站在洞口指责他"你怎么这么不小心"。这是非常无理和可笑的，甚至有点儿残忍。

每个孩子都想要做得更好，想让父母满意，但他们对自己的情况估计不足，难免会出现"不守信用"的情况。

不要用约定和承诺来控制孩子

我想起身边一个朋友的经历。有一次，她想带 6 岁的儿子参加朋友聚会，儿子开始不愿意去，后来朋友许诺，如果儿子陪她参加聚会，就给他买一直心心念念的托马斯小火车。儿子高兴地答应了。

聚会开始不久，儿子觉得无聊，吵闹着要回家，朋友怒斥："你怎么说话不算数，刚才你是怎么答应妈妈的？你再闹的话，我就要生气了！"

面对妈妈理直气壮的指责，孩子一脸懵懂。

他会想：是我做错了！我不守信用，还惹妈妈生气了。

他心里该有多自责、多内疚啊！

妈妈为了让孩子听她的，陪她聚会，用小火车诱迫孩子，答应自己的要求。事后，孩子反悔，妈妈就把错误归结到孩子身上。

试想一下，孩子也很无辜，当初答应妈妈时，他肯定以为自己能做到，并不是故意要反悔的。所以，很多时候我们责怪孩子不守信用、说到做不到，但我们自己又做得如何呢？很多成人都喜欢订新年计划，可一年过去了，我们真正完成的又有多少？

比如我，一直想做到早睡早起，我在心里跟自己说了几千遍，可常常晚上在床上玩手机，玩着玩着就过了睡觉的点。

我们责备孩子不守信用，可谁来评判我们呢？

我们常常以为，给了孩子选择权，就给了他自由，就算做到了尊重孩子。其实，我们是在用约定和承诺，来实现对孩子行为的约束和控制。

有些妈妈可能会担心，没有约束和规则，孩子一直看电视、玩手机怎么办？每个孩子本质上都是想遵守约定的，如果他总表现出不守信，得寸进尺，我想一定是他生活的环境出了问题。我记得有一次，我批评小拍玩手机，她不服气地说："爸爸上班，你要带妹妹，又没人管我，我不玩手机干什么呢？"她赌气的话让我明白，是我们陪伴她的时间不够。

有一句话是这样说的："**如果你在生活中做到了真正尊重孩子，从不刁难他，他总能得到足够的尊重和即时满足，孩子就不会那样固执和任性。**"

孩子的心是无比单纯的，当他被一次次定义为一个"不守信用"的人时，他慢慢地就会瞧不起自己，真的认为自己就是一个不讲信用的人，这个标签或许一直会印刻在他心里，影响他以后的人生。

诚实守信，固然是很美好的品德。然而，下一次当你想跟孩子做约定的时候，不妨先想想：

这是合理、公平、公正的吗？

这符合孩子的承受能力吗？

我真的尊重孩子了吗？

我一定要这样做吗？

有没有更好的方法？

……

用"人性"去体恤孩子，而不用"神性"去要求孩子，我想，这样让孩子能更理解父母与他定下的约定，也能更加合理地遵守约定。

好的家教都源于"同理心"

同理心之所以强大，是因为它让人感受到，我被"听到"了，有人真的和我在一起。

不久前我和拍爸花了整整三天时间、近一万块钱，上了三天的 P.E.T. 课程，回来之后，好几个朋友一直问我们究竟学到了什么。

这三天课程的内容很丰富，需要我们今后在做父母的过程中慢慢去实践、体会。我印象最深刻的是上课时看的一个视频，这个小故事讲述的其实就是三个字——同理心。

这个看起来简简单单的词，当我真正开始了解并试着去做到后，我们整个家庭的氛围都变得平和亲密许多。

同理心就是换位思考，站在别人的角度去想问题吗？可以这么说，但要真正理解透，却又不那么容易。来看一个动画短片，怎么把同理心讲得有趣又透彻。（在文末扫描二维码查看）

不要同情，要同理

想象一下，假如你是一只狐狸，很伤心很难过，情绪就像掉进了井底，陷在黑暗里瑟瑟发抖。你是希望有一个人也爬到井底，告诉你："我明白你的感受了，我陪着你，你不孤单。"还是希望有一个人站在高高的井口，对你喊："天哪，你看起来好可怜啊！"你一定希望听到第一种对不对？是啊，**我们都想要一个懂自己的人，而不是同情自己的人。**

同理心最重要的，是真正进入到别人的感受之中，而不是嘴上一句简单的"我理解你"。

我看过一个故事，印象很深。一个小男孩在学校打架，鼻子被同学打得流血了。他给妈妈打电话，妈妈在电话那边说："我理解你现在很疼，但我现在工作很忙，你先忍一忍吧。"小男孩听完后非常愤怒地回答："如果你真的理解我，就应该现在拿块砖头把自己鼻子砸断！"

我想，孩子愤怒的是妈妈根本没有理解他，"疼"只是一种痛觉反应，他内心经历的孤独、委屈、担心、难过才是真正需要被拥抱和接纳的。想象我是他，遇到他经历的事情，**"我"会有什么感受，这不是同理心。**想象我是他，遇到他经历的事情，**"他"会有什么感受，这才是同理心。**

不要评判，只要听到

在真正进入了他人的感受后，同理心还要求我们不要评判。

我们在面对他人的倾诉的时候，本能地就想说点什么、做点什么，以为这样才算是安慰。

"我的娃娃被扯坏了，我好伤心啊。"

"没关系，妈妈再给你买个新的。"

"老板太变态了，这工作干不下去了。"

"没事，最近好多地方招人，你上招聘网站看看吧。"

这样的回应常常习惯性地给出评判和对策，是我们发展同理心的最

大障碍。

在上 P.E.T. 课程的时候，老师放给我们听一个心理咨询的录音，一个妈妈倾诉她在家里的种种不幸，懒惰好赌的老公、刁难无理的婆婆、顽劣成性的儿子……每每听到那些令人气愤的细节时，我们都在下面恨得牙痒痒，不自觉地说着："这样的家庭还维持着干吗，赶紧离婚啊，走法律途径啊！"

就在我们急得不行时，却发现整个倾诉过程中，心理咨询师的回应全是"嗯""是的，还有呢？"没有一句评判，也没给出一个对策。这个妈妈看似没有得到任何帮助，但她每月都会去进行心理咨询，每次离开时，都带着满足和感激。

因为大多数的时候，回应很难让事情好转，真正让事情好转的是人与人之间的连接。除非倾诉的人主动提出想要得到建议，否则再好的建议都没有意义。"虽然我不知道要跟你说什么，但很高兴你愿意把这些告诉我。"

同理心之所以强大，是因为它让人感受到，我被"听到"了，有人真的和我在一起。

这种自然丰沛的情感呼应，才是所有关系平和亲密的秘密。

不用培养，只需找回

那么怎么样才能培养出同理心呢？

有这样一个小故事：一位老人坐在公园的椅子上呜咽，因为他刚刚失去了相伴多年的老伴。一个小男孩看到后，跑过去看个究竟，他爬到老人的腿上，静静地坐在那里。奇怪的事情发生了，老人一下子就觉得心里好了很多，情绪也稳定下来。后来，小男孩的妈妈问他对老人说了些什么，男孩答道："我什么都没说，只是帮他哭泣。"

从生命开始的那一刻，我们的机体就具备了同理心。它不需要培养，是天赋的能力。只是很多时候，人在慢慢成长的过程中，理性的思考侵占了情感的表达。

亲爱的，你愿意在你爱的人需要时，跟他们"在一起"吗？试试找回那个纯真的自己，用同理心，让别人幸福，也让自己内心丰盈。

（扫描二维码查看动画）

如何培养孩子对学习的兴趣

先找到问题，再寻找答案，一个小的改变，就让学习的目的和动力完全不同。

小拍除了会写学校要求的日记，还有一个私藏的小本子，每天会在上面写一两句私房话给自己。前几天，她大方地分享给我看。才看几页我就好像又被带进了孩子天真单纯的世界里。

生日的开心

提问：为什么人要过生日呢？

烫头的欣喜

提问：世界上第一个烫头发的人是谁呢？

唱的自豪

提问：人的喉咙是怎么发出声音的呢？

刺猬死掉的难过

提问：世界上可以起死回生吗？

看到她每天对自己的提问和思考，我感到又意外又惊喜。难怪她时不时会有一些出其不意的疑问，然后自己主动找答案。

和老师交流后，才知道提问的创意是老师想到的。她希望每个孩子，每天都能在生活中问自己一个问题，并且尝试去解答它。

相比起"答案"，小拍的学校似乎更重视怎么"提问"。

上个月，去参加班级为小拍办的生日会。到了生日会的高潮切蛋糕环节，老师举起小刀突然嚓的一声，问这群刚开始学分数的孩子：

"我应该切多少等分呢？"

"现在我一刀切下去，是多少等分？"

"再切一刀下去呢？"

"好像还不够，该怎么分呢？"

……

看着孩子们兴致盎然地大声作答，我身在其中，也深深感受到用知识去解决问题的乐趣。

回忆起我小时候学分数，只是存在于书本上和试卷上的分子分母组合。只是努力学好课堂知识，却没有想到要怎么运用，就像拿到了一把从天而降的钥匙，但不懂锁究竟在哪儿？为什么要打开门？

在切蛋糕的时刻提问，让孩子们先看到的是分数的"锁眼"，他们为了迫不及待地打开那扇门，再去主动探索拿到钥匙。

他们上数学课会先亲手去建一个凉亭，每条边应该多长？怎么搭才能保持平行？结构怎么设定才能稳固？孩子带着满脑子的问题，再去学二维三维、面积体积。

先找到问题，再寻找答案，一个小的改变，就让学习的目的和动力完全不同。

就像《小王子》的作者圣·埃克苏佩里说的："想让一个人造船，不要让他寻找木头，而要让他向往大海。"

一个个恰当的好问题，才会扬起孩子求知的风帆。

那么，怎么帮孩子提出好问题呢？除了对生活的实践和观察，我觉得亲子阅读也是一个很好的练习机会。

去年，我和小拍读得最多的一本书是奇幻小说《五个孩子和一个怪物》。

故事里讲孩子们在沙堆里挖到一个沙仙，他每天可以实现孩子们的一个愿望，但只有一天的有效时间，于是孩子们每天就跑去向沙仙许愿。

这本书的最后，作者给孩子们提出了一系列问题：

分别说说五个孩子和沙仙的特点，孩子们向沙仙提出了哪些愿望？

愿望实现后，孩子们都经历了些什么？你最喜欢他们中的哪一个？

你怎么看待这些愿望的实现和消失？

如果沙仙来到你身边，你会向它提什么愿望？美梦成真后，是怎样的情形？

仔细看，问题是层层递进的。

先是事实类问题，对故事情节和事实的掌握；

然后是理解类问题，对故事里人物的性格、感受、经历的理解；

最后是价值类问题，跳出故事本身，结合到自己身上，思考故事的寓意和传达的价值。

以往的亲子阅读，我会刻意避免向孩子提太多问题，怕这样的功利心会干扰孩子的阅读兴致。

但这次看到书后的问题，反而是小拍主动找我讨论。每次讨论完，她对人物和情节都会有新的理解。

"如果有沙仙，你会向它提什么愿望？"成了我们去年睡前最常讨论的话题，我也从她一个个的愿望里，窥见了 10 岁小女孩平时不会去诉说的所思所想。

也许是得到这本书里问题的启发，最近亲子阅读别的书时，小拍也会常常向我发问，除了事实类，也有了更多理解类和价值类的问题。

是这些好的问题，拓展了她思考的广度和维度，也为她的世界找到了更多想要去开启的"锁眼"。

抛开对孩子提问的偏见，打扰阅读兴致的可能不是问题本身，而是提问时的态度和时机。

带着平等和尊重，根据孩子的年龄发现他们本阶段的兴趣点，把问题变成亲子交流的有趣话题，这才是需要不断练习的。

想到三个关于提问的小心得，和大家一起分享。

1. 循序渐进，灵活提出各类问题

孩子从可以语言交流起，就有了很多提问的机会。生活和阅读中的很多知识点，都可以引申出不同维度的问题。

先从最简单的事实类问题开始，比如："爸爸和妈妈，谁胖谁瘦呢？"引导孩子开始观察。

孩子答完后，再继续问："那你觉得胖好，还是瘦好？为什么呢？"练练他们的理解和表达能力。

接着问："如果是瘦／胖好，那要怎么做才会瘦／胖呢？"开启开放性的归因和归类思考。

根据孩子的年龄和认知，抽丝剥茧，循序渐进，引导他们体验思维层层深入探索的乐趣。

2. 把"怎么会"变成"怎么做"

一个问题的提出，隐藏其中的是思考的角度和方式。

如果我问孩子："你的英语怎么会考得这么差？""你的新玩具怎么会弄坏了？"

我猜等待着我的，要么是孩子憋屈的泪花，要么是愤怒的反抗。

孩子心里的答案大多会是"因为我笨，我粗心，我没好好复习，我笨手笨脚，我不能保护好玩具……"

但如果换一个方式提问："要怎么做英语才能考好呢？""要怎么做才能保护好玩具呢？"

把"怎么会"变成"怎么做"，大脑会从埋怨和自暴自弃中切换出来，从积极的角度思考，开始专注于解决问题。

在自己和孩子的对话中，抑制住"怎么会"，多问问"怎么做"，就已经能发现无数的好问题了。

而藏在其中的，是能获益终生的成长性思维方式。

3. 反问孩子，引导反事实思维

除了主动给孩子提问，还有很多时候是见招拆招。

比如宁宁现在常常会提出一些显而易见的问题："人为什么要穿衣服？""我为什么要睡觉？"

与其讲一堆大道理，不如反问孩子："人如果不穿衣服，会怎么样呢？""你如果不睡觉，会怎么样呢？"

引导孩子换一个角度看问题，开启他们去观察和想象后果，用自己的思考来回答自己。

看到企业高管教练粟津恭一郎在《学会提问》里写到：

"提问的差距造就了人生的差距。"

更多元化的思维方式，让孩子领悟到不用死钻一个牛角，换一个方式思考就能海阔天空。

孩子害怕，有一种帮助叫轻推

面对困难和未知，不管是成人还是孩子，第一反应都是后退。家长能做的就是站在他身后陪伴和支持他，和他一起面对那份恐惧。

由不得你踌躇，广州已迈入热浪袭人的大夏天，小区楼下蚊子也多得吓人。我琢磨着，每天下午午睡起来，带两个孩子去婴儿游泳馆游泳，既能增加运动量，又不用在楼下喂蚊子，一举两得。

到了游泳馆，宁宁一下水就玩得不亦乐乎，可 Lisa 不知为何竟然"哇哇"大哭，各种逗弄都不行，我只好赶紧把她从水里捞起来。有些纳闷，Lisa 三四个月大的时候就带她来过游泳馆，那会儿游得可欢了，只是前几个月比较冷就中断了，现在重新开始游，怎么反应这么大呢？是怕水，还是别的原因？

我和游泳馆的小慧很熟悉，跟她聊到 Lisa 的情况，她云淡风轻地说："太正常啦！很多孩子几个月不游就很不适应，要找到原因之后再对症调整，一步步慢慢解决的。"

第二天，我又带着她俩去了游泳馆。我先抱着 Lisa 熟悉环境，然后给她换上泳衣，抱着她坐在泳池旁边看二姐宁宁游，她的小脚丫在泳池里踢得特开心。过了一会儿，她笑嘻嘻的整个人都弯了下来，小胖手拼命地往水里伸。

看她状态不错，我试着双手扶她的腋下，让水没过她的腰，就这样扶着她在水里玩了一会儿，和昨天一被放进水里就"哇哇"大哭相比，今天已经进步多了。

扶着她游了一会儿，我也累了，就让小慧把游泳圈拿来。可没想到，Lisa一进游泳圈，又哭了起来。

我没立刻把她抱起来，而是又扶着她的腋下，让她在游泳圈上趴着。或许是感觉到妈妈的支持，她又放心地游了起来。

借助游泳圈的力量，我也轻松多了，只用很小的力扶着她。

我一边观察她的状态，一边慢慢地放手，几分钟之后，看她和宁宁玩得很开心，我趁机彻底松手，而她毫无察觉，已经完全适应了自己游。本来以为可能要好久，才能让Lisa重新适应泳池，没想到，就十几分钟的工夫，在大人的支持下，她就轻轻松松克服了对水的恐惧。

有一天我开车的时候，听科恩博士的音频课，里面提到：当孩子面临新的挑战或是内心恐惧和害怕，准备转身逃离的时候，可以用"轻推"的方法帮助他。他自己就用轻推的方法，治好了他姐姐的恐高症。

有一次，我和姐姐一起去看瀑布，在离瀑布50英尺远的地方，姐姐就感到害怕不再往前走了。在姐姐转过身准备往回走的时候，我轻轻拉住她的胳膊，看着她的眼睛，对她说："在你没准备好之前，我们一步都不往前走。"等了一会儿，我问身边的姐姐："我们现在可以尝试往前走一步吗？"

姐姐迈出了小小的一步，我意识到，虽然这对姐姐来说只是一小步，但是在情绪上，却是一大步。每走一步，我们都会停下来，陪着她做深呼吸。我一直尝试轻推她，告诉她，往回走很安全，但在这里我们也很安全。

有几次，姐姐因为太紧张甚至向后退了一小步，那也没问题，我继续轻推，鼓励她，你已经走得很远了。

最后，姐姐成功克服了恐高，后来甚至还去玩跳伞。

听到这里，我有些小得意，原来自己无意中对 Lisa 怕水也采用了轻推的方法。

但转念一想，也有些惭愧，对小婴儿怕水我能做到如此理解和接纳，并在这个过程中一步步地观察和轻推，可几年前，面对大孩子小拍的时候，在一些其他的情境里，我却做得很差。

小拍 4 岁多的时候，有次感冒后得了中耳炎，又赶上我妈嗓子不舒服，就带上她们一起去耳鼻喉医院看病。

医生安排我妈做喉镜，小拍要做一个耳朵的内窥镜。

我和小拍还在排队，我妈已经做完喉镜回来，忍不住跟我抱怨：做喉镜太难受了！

小拍一听，马上紧张起来，瘪着嘴说："我不要做耳朵的内窥镜！"

我跟她解释，这两者完全不同，耳朵的内窥镜一点都不疼，也不用麻药，结果她完全不听，嘴里一直念叨着"不要，不要"。

我越解释她情绪越大，等到医生叫号的时候，她开始大声哭起来，见我们还没进去，医生也很急躁，朝我们吼：到底做不做？

我和拍爸当时做了最错误的选择，成了网络视频里被人拍过的那种最粗暴的父母，上演了一场拖人大战，想把小拍硬拖到医生面前。

4 岁的小拍，大概使出了求生的本能，哭天抢地，用尽一切力气反抗，医院整条楼道都要被她的哭声震塌。

　　我们被搞得精疲力竭，最后只好妥协和放弃。这件事已经过去 5 年多了，现在写出来，依然让我心跳加速，脸红羞愧。我对自己当时做法的粗暴、态度的野蛮、同理心的缺乏，感到深深的遗憾。

　　朋友微姐和我有着同样惨痛的经历。她女儿，从 5 岁开始学小提琴，学到第 6 年时，基本上把所有的技法都学完了，接下来就是通过练习来巩固。可孩子上完课回到家，很少主动练琴，每周去老师那儿上课的时候，都因为在家练习太少，导致课程进度太慢。

　　微姐说："看她总不练琴我也很窝火，而且没练就去老师那里回课，效率太低，浪费钱。我就跟她说，要学就要每天练琴，要不就别学了。孩子想了想说，那我不学了。从此，她再也没有摸过小提琴。"

　　微姐每每提起这事，也都痛心疾首。

　　几年过去，有一次微姐跟我说："其实那个时候，我女儿还是很愿意去老师那儿上课的，只要我在练琴上轻推她一把，肯定能坚持下来，现在她上初中，班上很多同学都有才艺，她只有眼羡的份儿，有时还反过来埋怨我，没有帮她坚持下来。"

　　微姐这番话，让我也觉得特别惋惜。

　　面对困难和未知，不管是大人还是孩子，第一反应都是后退。如果我们能多一些理解和接纳，看看我们可以怎样和他站在一起，帮助他，必要的时候在后面轻轻推他一把。而不是冷冰冰地站在一旁，让他自己去选择，或者用暴力逼迫他选择，做还是不做，孩子或许早已迈过那个坎。

　　科恩博士的"轻推"有四个步骤，我的血泪教训，促使我默默记在笔记本上。

　　1. 接纳孩子当下的情绪，做到不评判。

　　2. 把任务分解，陪孩子一起，迈出关键的第一步。

3.随时观察孩子的情绪，辨认孩子的情绪临界点，既不让他逃离，也不让孩子被吓到，可以暂停，但不能放弃。

4.当孩子跨越，及时给予反馈，让他知道自己已经有很大的进步，从而激励他接受接下来的挑战，当然也允许孩子退行，多拥抱和鼓励。

这四个步骤，相信可以运用到孩子面临各种各样困难的情况里，对我的帮助也非常大。

我不可能再回到小拍小时候，去修改她的成长经历了，但我可以重新出发，不再让自己继续犯下相同的错误。

做父母，就是这样边走边成长吧。不念过往，不畏将来。

"允许孩子哭"比"哄孩子笑"更重要

不允许孩子哭，其实首先要处理的是家长的情绪，给予孩子多一些关注，而不是简单地说"不要哭"。

前两天带宁宁去打疫苗，刚走进打针抽血的那层楼，就传来各种撕心裂肺的"哇哇"大哭声。哭是会传染的，还根本不懂怎么回事的宁宁，也在我怀里大哭起来。如果有人间炼狱 TOP10 评选，我投这里一票。

排队等叫号的时候，我一边哄着自己的娃，一边听见身边几乎所有的家长都在跟孩子说："宝宝不疼，不哭不哭，别哭了。"但这句话就像是魔咒一样，越说孩子哭得越大声。

大家都使出浑身解数，有物质诱惑的，不哭了就有好吃的或者买玩具；有精神施压的，小男子汉不能哭，哭了就不勇敢坚强了；还有直接暴力解决的，不准哭，再哭就打屁股……

"哭都不让哭，你是个坏妈妈"

是啊，一听到孩子的哭声，家长就如同面对洪水猛兽般，只想赶紧制止，自然而然觉得哭就是"不好"的情绪，希望能够让孩子尽快摆脱。

然而，可能我们很多人都不知道，现代心理学早就证明了，情绪并没有正面和负面、好和坏之分，每种情绪都是上天赐给我们的礼物。

其实，孩子哭就像孩子笑一样正常，只是一种情绪的表达，"负面"是我们强行打上的标签。

有一个妈妈跟我说，她一听到孩子哭就头疼得受不了。所以不管什么事情，只要女儿一哭，她不但不会顺着女儿，还会不耐烦地凶她，于是女儿从小就很少哭。

每当看到电视或者电影里有人哭的时候，别的孩子会跟着伤心落泪，但她的女儿从来都不会，有时甚至还会笑。她以为是孩子天生就冷漠，缺少同情心。

女儿6岁的时候，有一次路过一家卖烤鸡腿的摊子，可能是因为鸡腿太香、太诱人了，女儿非常坚定地要买来吃，但她担心路边摊吃了不健康，拒绝了女儿。这一次女儿拼了命地大哭起来，她也像往常一样凶孩子说不准哭，然后拖着往前走。

平时很乖的女儿突然爆发，边哭边喊："你不给我买鸡腿，哭都不让哭，你是个坏妈妈！"听到"坏妈妈"的那一瞬间，她才突然意识到自己这么多年的自私。

剥夺孩子哭的权利，表面上是怕宠坏孩子，要让孩子隐忍坚强，但隐藏在潜意识里的真实目的却是为了不让自己难受，哪儿是为了孩子啊。

正如德国心理学家卡萝拉·舒斯特说的：**"其实孩子哭的时候，最先需要处理的是家长的情绪。"**

孩子的哭闹会让父母怀疑自己教养孩子的能力，所以父母会对孩子的哭紧张、排斥、反感。如果家长不能先处理好自己的情绪，只是一味地制止孩子哭，不仅会伤了孩子的心，还可能会让孩子正常表达情绪的通道受阻，影响一系列的人格发展。这个看似冷漠、缺乏同情心的女儿，是因为她在哭泣的时候从未被妈妈安慰，又怎么能指望她会对别人的眼泪抱有同情呢？

有了理解和接纳，孩子特别好哄

哭是什么？它只是一种情绪的表达。我们大人就算知道生气没用、发怒没用、伤心没用，可我们还是会生气、发怒和伤心，因为这会让自己情绪上更好受。

想一想，当我们工作上遇到委屈的事，或者跟家人吵架后躲在一旁想哭个痛快，这时你旁边的人却说："别哭了，多大点事啊。"这时你是不是更生气了？

孩子那么小，当他们害怕或希望落空时，是多么无力，除了哭，什么都做不了。他们在用哭表达自己的难过、恐惧、愤怒和委屈。这个时候，孩子需要的是大人的关注、理解和接纳，而不是反复地听大人说"不要哭"。

小拍前一段时间在练习和我们分房间睡，但每次白天说得好好的，一到晚上就反悔，说一个人睡怕黑，还闹得哭哭啼啼的。大人们可能会说，睡觉黑有什么好怕的？可是对于孩子，那可能就是全世界最恐怖的事情。

于是，我给小拍买了盏可爱的小夜灯，让她开着灯睡觉，把她喜欢的娃娃们也搬到了床上陪她。睡前给她讲一些克服怕黑心理的绘本，用故事告诉她黑夜的可爱之处，抱着她告诉她妈妈随时都在身边。这样做了才一周多时间，她再也不因为分房睡哭了，甚至还对自己一个人睡表现得很期待。

只要多一些耐心，去理解孩子哭的原因，接纳孩子的情绪，他们真的特别好哄。

比如当孩子摔疼了，抱着孩子说："宝宝摔疼了，哭吧，没关系的。"通常孩子抽泣一会儿就会安静下来。如果说："宝宝不哭，不怕疼，你是最勇敢坚强的。"相反孩子会哭个没完没了。大部分孩子情绪来的时候，并不需要我们急匆匆地插手，去"解除"他们的情绪。

哭不是软弱，也不是要挟

那放任孩子哭，他们会不会养成一遇到事情就哭的坏习惯呢？甚至学会用哭闹来要挟大人？"孩子一……就会怎么样"，这大概是当家长的最大的心魔。

那些常常爱哭的孩子，不是因为放任他哭，而是因为他可能被限制得太多，处处都是"伪原则"。

孩子感觉自己的正常需求无法被满足，所以才不得已用最激烈的方式表达。

他们耳边常常充斥着："不能玩水是为了干净，不能吃冰淇淋是为了健康，不能见人不打招呼是为了礼貌……"

很多明明可以在可控范围内允许的事情，都被限制了，那是我们自己在逼着孩子一天到晚都哭。

而习惯用哭闹要挟大人的孩子呢？是因为这一招常常管用，一哭就能打破那些我们本该坚持的"真原则"。

我常常看到，孩子哭闹着要买一个很贵又明显是三分钟热度的玩具，当家长的拒绝一通不管用，周围人又开始起哄，觉得面子上挂不住，为了息事宁人就买了。

真的是孩子哭得毫无办法了吗？与其妥协，不如试试更温和耐心地去告诉孩子我们拒绝的理由。

即使他们听不懂言语里的道理，只要能感受到真诚和被尊重的态度，就会慢慢平静下来，试着调节自己的情绪。

孩子爱哭不是软弱也不是要挟，是因为生活中处处被"伪原则"限制，而大人又无法坚持住"真原则"。要做到面对孩子的情绪不盲目插手，同时又多一些理解和接纳，对每个父母来说都不容易。孩子一哭，内心就波涛汹涌，这是人之常情，我们都会这样。但所幸，今天我们懂得了正确的做法，并可以努力向此靠近。

也许，我们自己曾有一个常因委屈哭泣而不被理解的童年，也许我们在无助中度过了许多黑暗岁月，但我们的孩子不应如此。

通过自己的不断努力，亲手为孩子搭建起一个尽量美好的童年，让他们不再经受我们曾经的苦痛，这就是为人父母最幸福的事。

分数重要，看到孩子进步更重要

当孩子一次次感受到做错了不可怕，自己还可以去改善时，那么再遇到困境便不会盲目焦虑，真正的乐观和自信就会产生了。

前几天好友汤汤和我分享，她说一年级的儿子马上就要期末考试了，但小家伙每天回家一写完作业就放开撒欢，观察了几天后，她忍不住问儿子："过几天就期末考试了，你复习了吗？"

儿子自信答："不用怎么复习的，我考个 97、98 分没问题！"

她疑惑地问："如果可以考 100 分，为什么只满足 97、98 分呢？"

儿子认真地望着她，"爸爸一年级还考过 30 分呢，你也说过 97、98 分就很好了，难道还不够吗？"

汤汤被小家伙的反问噎了一晚上，思来想去也不知道该怎么回答。

想到起初是看儿子期中考试没拿满分挺沮丧，为了安慰和鼓励，于是老爸自爆小时候的囧事，她也评价了几句这个分数已经很不错了。

没想到小家伙还真彻彻底底听进去了，到头来仿佛是夫妻俩携手挖了个大坑，让儿子不思进取了？

听完她的分享，我笑着说，类似的坑我也遇过啊！

想来我们这一届父母，大概算得上是最拧巴的父母。

一方面，自己从小受应试教育折磨，都是掉过一层皮，才从水深火热的竞争中趟出来的，自然舍不得孩子也重蹈覆辙，想尽量多给他们一些心理安慰。

另一方面，孩子一旦参与竞争，又很快被环境逼得只想领着孩子快速跑，嘴上说分数没关系，心里却急得抓耳挠腮。

一个当小学老师的朋友，曾经哭笑不得地跟我讲，班上一个孩子成绩不好，她跟孩子说要认真点多努力，孩子笑嘻嘻地说："没关系，我妈妈说了就算我考0分，她也会永远爱我。"

她把孩子的情况和这番话一起告诉了孩子妈妈，结果怎么着，这位妈妈转身就给孩子报了课外辅导班，以表决心把成绩搞上去。

家长如果真的完全不在乎孩子的成绩，怎么安慰鼓励都好说。但如果明明在乎分数，又说出一些心口不一的话来，可能不一会儿就被打脸。更关键的是，孩子常被弄得一头雾水，不知道如何是好。

看来谨言慎行，在这个时刻尤其重要啊。既让孩子感受到安慰与被接纳，又能让他们注入努力进取的动力，要怎么说才行呢？

马上要迎接期末考试了，汤汤为了避免再次掉坑，认真想了好几天。

我们讨论一番后，得出了一些小心得，分享出来看能不能帮大家一起避避坑。

不要直接评价分数，多关注孩子的优点

小拍刚上学的时候，也曾含着泪捧回来不满意的试卷，我几乎是下意识地就把她搂进怀里说："没关系，妈妈觉得××分已经很好了，分数不重要，你把知识掌握好就行了，妈妈永远爱你。"

回想起来，孩子当下是感受到了爱与接纳。但把"分数不重要"这个观点植入给孩子，当有一天分数确实变得很重要时，她的观念还能切换过来吗？

其实安慰孩子还有更好的办法，不如先暂时屏蔽掉试卷上那个数字，仔细找找试卷上的闪光点，比如有难度又答对的题、上次错了这次答对的题、工整的字迹、作文里出彩的语言，所有进步的地方……

真诚地夸一夸孩子，自己的努力被爸爸妈妈真实地看见，或许会比一句"永远爱你"来得更加温暖治愈。

更重要的是，它教给孩子一种成长型的思维模式。每次考试完后，先对比的不是排名和分数，而是曾经的自己，切切实实找到比之前的自己做得更好的地方。一次次发现自己的闪光点，孩子才会拥有让自己变得更好的力量。

为错题分类，找到提升空间

当孩子的情绪得到安抚后，再来关注他们试卷上的错题。汤汤说几次考试中，老师和儿子的考后总结都是粗心，导致很简单的题错了。

提醒了两次"仔细点，不要粗心"没用后，她再拿来试卷和练习册仔细看，发现"粗心"的地方大概是这四类：

理解错题意失分；

笔画写错失分；

拼音字母书写不规范失分；

看漏题失分。

她一下子恍然大悟，这些看起来很简单的失分题目，哪里是一句"不要粗心"就能解决的。

理解错题意是阅读能力问题，笔画和拼写错误是识字基础没打牢，看漏题是视觉能力和注意力问题……每一项都有可以帮助孩子去提升的空间。

对刚上小学的孩子，引导他们去熟悉考试规则和扣分要求，也需要做很多功课。

从试卷上的错题，分析出孩子在知识掌握上的真正问题，比一句简单的"怎么这么简单的题都错"要有意义得多。

制订改进计划，一起解决问题

找到了问题所在和明确提升的方向，再真诚地告诉孩子，如果下一次想考得更好，我们必须要付出一些努力。

和孩子一起制订出有针对性的学习计划。比如会错题意，可以找到不同的题干类型，从简单到复杂，每天和孩子一起做几道，熟练了还能让孩子玩一玩自己出题考爸妈的游戏。

再比如老是看漏题，反映的是学习习惯，每一次做练习的时候，把打草稿、写步骤、仔细检查作为固定三部曲，再设计一个监督的小板子，完成后打"√"。

　　和孩子一起想办法，帮助他们行动起来，去尝试解决问题。让孩子亲身体验到："我可以想办法让事情变好，我能靠自己的行动，完成目标。"

　　除了水到渠成的好分数，更重要的是，当孩子一次次感受到做错了不可怕，自己还可以去改善时，那么再遇到困境便不会盲目焦虑，真正的乐观和自信就会产生了。

　　有一对冷静、智慧的父母做后盾，我想孩子得到一个好分数的可能性才会大大增加。

　　曾奇峰老师曾说："在家庭关系中，谁使用智力越多，谁就是父母；谁使用情绪越多，谁就是孩子。"

　　拿到孩子的试卷后，咱们都得牢牢记住自己父母的身份，别掉坑，好好说好好做啊！

爸妈会吵架，也依然爱你

客观地让孩子知道爸妈也会有负面情绪，但不要害怕面对冲突，更不要害怕被遗弃。不论发生什么，爸爸妈妈永远爱你。

不久前，我和拍爸有一次不大不小的争吵。他指责我做事效率低，太过拖延，我不满他不问事情缘由就指责我。两个人在路上吵得不可开交，但一回到家，都很有默契地不再说话。

小拍正在写作业，一看见我俩正想扑上来，拍爸说了句"别闹，认真写作业"，小拍愣了几秒，低声"哦"了一句，竟然乖乖地回到书桌旁了。

我瞄了一眼拍爸，他黑着脸，紧闭着双唇，眼神中透着怒气和威严。即便不说一句话，他浑身上下也都散发着低气压。

其实我也没好到哪儿去，抱起二宝宁宁，只觉得她各种扭捏，哼哼唧唧得让人烦躁。

我们在孩子面前激烈吵架的镜头几乎没有，但敏感的孩子却早已捕捉到不同寻常的气氛，连刚出生的小婴儿也是。

很多人认为，夫妻吵架不要当着孩子的面，简简单单一句话有几个人可以做到？就算我们这样别扭着克制的夫妻，也并没有让孩子丝毫不受影响。

　　夫妻关系是一个家庭的重心，一点点风吹草动都牵动着孩子敏感的心。

　　在他们的世界里，能时刻感受到自己的弱小，也极度依赖父母的照顾，一旦关系出现了不稳定的因素，对他们的生存就有极大的威胁。

孩子承受着巨大的压力

　　我有一个闺密，她小的时候常常因为爸妈吵架偷偷躲到我家来。

　　她跟我说，她的爸妈一吵起来，总喜欢借助其他东西发泄怒气，摔门、摔碗，还摔过电视机。这些东西砸在地上的声音，像指甲划过黑板一样刺耳。她躲在书桌底下，瑟瑟发抖。

　　而令她最害怕的是，爸妈突然发现她的存在，像拎小鸡一样拎出来问她："如果我们离婚，你愿意跟谁？！"

　　在四目相逼下，她除了哭泣根本不知如何作答。"我感觉自己是这个世界上多余的人，如果不是我，他们肯定不会这样吵架。"那时她才十来岁，经常瑟缩地在我耳边抱怨。

　　她的性格敏感、自卑，看问题总是悲观、消极，甚至有点儿神经质。只要她遇见了一些不太好、不太顺的事情，就都认为是自己的错。

　　现在她已经是一个事业小有所成的职业女性，可是和丈夫的关系却时好时坏。

　　她曾经在深夜和老公大吵一架之后，哭着打电话问我："小莉，你说这辈子我是不是找不到一个爱我的人了？"

　　我仿佛看见电话那一头，一个女孩正躲在书桌下偷偷战栗。已经当了妈妈的我，真的很想回到那些年，好好拥抱一下这个让我心疼的女孩。

　　她的经历在无形中也让我感受到了巨大的压力，到现在也还没学会如何吵架的我，又该如何保护我的孩子们不受到这么深刻的伤害？

吵架三点原则

　　难道父母永远都不能吵架吗？谁都知道这是不可能的。感情再好的夫妻，也会有发生争执的时候。英国剑桥大学的研究认为，吵架是各种亲密关系中的基本活动之一，是一种谈判。人们通过争吵来确定自己的人际边界，通过生气的情绪来捍卫自己的界限，例如什么可以妥协、什么不可以妥协。

　　既然吵架不可避免，那家长到底要怎么做，才能将对孩子的影响降到最低？我认真翻阅了一些资料，也查了不少儿童心理学的内容，总结了以下几点，希望能和家长们一起共勉：

1. 让孩子知道爸妈吵架了

　　事实证明，故意对孩子隐瞒吵架，孩子也依然可以感觉到。我们的情绪总是很容易从表情、语气、精神状态、身体语言和习惯行为等方面不经意地流露出来。

　　英国学者 Terri Apter 也在她的著作中质疑：凭什么父母就不能发生冲突，表达愤怒？又凭什么认为孩子就一定无法承受父母的任何争执？

　　或许我们都低估了孩子的承受能力。前段时间，我和拍爸又起了小争执。这一次，我试着大方一点告诉小拍："我和你爸在房间争吵，声音可能有点儿大，我们关着门，有急事可以叫我们。"小拍懂事地点点头。

　　当然我还是建议不要当着孩子的面吵架，毕竟扭曲的表情、刺耳的责骂、人性中丑恶的一面，过早在孩子面前赤裸裸地暴露出来，并不是一件好事。

2. 记得告诉孩子，我们吵架并不是因为你

从孩子认知发展规律来看，孩子越小越容易有个人中心化倾向。从他的视角看世界，会认为父母开心是因为他，生气也是因为他，他担心、害怕和焦虑，甚至希望能通过一些努力，让爸妈关系好起来。

一位妈妈曾跟我说，她每次和孩子爸爸吵架了要摔门出去，孩子就会边哭边耍赖拖着她不放手，嘴里会含糊地说着："妈妈我错了，我会听话的，你别跟爸爸吵架，你别走……"但实际上，他们吵架和孩子根本没关系。

这时候，我们需要非常明确地让孩子知道，爸妈吵架并不是因为他。当然有些吵架的事由，真的因孩子而起，甚至是因教育理念不同而吵起来。那我们就要本着"对事不对人"的原则，和孩子坚定地强调，是因为对这件事有不同看法，跟宝贝好与坏没有关系。

3. 吵完架之后记得安抚孩子

情绪来得太快，就像龙卷风。当情绪一走，我们又恢复了常态。这时候记得陪陪孩子，从行动上让孩子知道，爸妈吵架没什么大不了，一点儿也不会影响我们继续爱他。

即便这时候夫妻还在冷战中，也不影响两人分别去和孩子亲昵一段时间。因为孩子最关注的，还是自己与父母的关系。弱小的生命，太害怕没人爱，更害怕被遗弃。

台湾著名心理咨询师赖佩霞曾说："指责与谩骂是婚姻的特大号杀手。"很不幸，这也正是我们普通人在夫妻吵架中用得最得心应手的两件武器。

生活是缤纷多彩的，免不了有阴暗的部分。我们能做的，不过是坦然面对，用不同的视角看待它，再试着将伤害降低到最小。当孩子发现，

前几天还视若"仇敌"的父母，依然能够重归于好，他渐渐也就不会害怕争执和冲突。

这一生中，孩子会遇到太多人，我们不希望他长成刺猬，也不希望他变成一只缩头乌龟。

真正走到感情破裂那一步的夫妻毕竟还是少数的，即便真的如此糟糕，我们依然要让宝贝们知道，不论发生什么，爸爸妈妈永远爱你。

第二章

自我成长：允许孩子成为他自己

每个孩子都有属于自己的内在节奏，尊重孩子的特性，不要给孩子乱贴标签，更不要把自己的执念强加给孩子。站在孩子的角度去看世界，相信他们会成为自己最好的样子。

害羞的孩子有自己的内在节奏

孩子有自己的内在节奏，需要一点点去观察，父母最好的做法，就是不要给孩子乱贴标签，更不要把自己的执念强加给孩子。站在孩子的角度去尊重，相信他们会成为自己最好的样子。

上周小拍的学校举办艺术节，她表演的节目是尤克里里。小拍为了顺利完成这次表演准备了快一个月，每天在家练习，弹给我们听。要登台的前一晚，小拍半夜还跑来我耳边说：因为太兴奋、太期待，都要睡不着了。

终于到了登台时刻，看小脸被化成"红屁股"的女儿，在台上毫不怯场、一丝不苟的认真样，我在台下除了拼命鼓掌，还莫名有种想掉泪的冲动。

给害羞的孩子多一些理解

小拍虽然是个过度活泼的女汉子，但对上台表演这件事情一直都很排斥，或者说在人多的场合，她就会很害羞。

整个幼儿园时期，除了整个班都要上台的集体表演，其他的活动她通通不愿意参加。每次问她："要不要报名这个？你在家做得很好啊。"

她都会着急得一直摇头："不要不要，我不好意思。"

起初几次这么说，我还能心平气和地接受。但幼儿园三年都这样，我想不管哪个妈妈，看到舞台上别人家孩子光彩照人的样子，都会觉得羡慕吧。

很多次我一再引导她，想克服她害羞的"毛病"，甚至都想忍不住替她报名。**但看到她排斥又恐惧的眼神，最后只能带着失落无能为力。**

幼儿园的毕业晚会，老师让孩子和家长们围在一起玩丢手绢的游戏，手绢停在谁手上，谁就要去中间表演节目。

小拍坐在我和拍爸中间，游戏开始之前就一直交代我们，手绢传到手里后一定要马上丢出去，千万不能停在手里。每次手绢到小拍手里的时候，她都跟接到炸弹一样，赶紧扔出去。但没想到，才第一轮，拍爸就因为一个愣神，成了第一个表演节目的人。

小拍看到这个结果后，开始大哭，边哭还边用小手拍爸爸，一直念："不是说了要丢出去吗？你为什么不丢啊？"

拍爸去中间表演的时候，小拍坐在小朋友中间，用双手蒙着眼睛，并把头埋在膝盖里没有看中间表演的爸爸一眼。拍爸终于表演结束了，我把小拍搂在怀里问她怎么了，她抽泣着告诉我，爸爸上台表演心里肯定很难受，她不忍心看。

这个可爱的答案太出乎意料了。

原来，她把爸爸也当成了五六岁的害羞孩子，担心他在众人面前表演会不好意思、会难受，所以才有那么过激的反应。那天我突然意识到，我和小拍大概都犯了一样的错误：**她把大人当成了孩子看，而我把孩子当成了大人看。**

只是在她的行为背后是疼惜，是同理心，而我的想法却是逼迫，是伤害。

孩子做不到，成人也会做不到

其实我读幼儿园的时候，做得远不如小拍。别说当众表演节目，连看到陌生人都要躲到父母身后去，直到上大学，也没怎么当众发言过。大学学了播音主持专业，才不得不经常发言和登台。记得刚开始，稿子背上百遍都不放心，还要偷偷跑去踩点好几次，登台前整日整夜地紧张、失眠。就这样，起初几次上台说话声音也还是抖的。

拍爸说他就更糟了，20多岁了，工作的时候小组开会发言还会脸红。到30多岁当了小领导，因为必须经常当众发言，练多了才面不改色、声音不抖。

明明大人自己都觉得很难在公众场合发言，为什么想当然地要求孩子天生就落落大方呢？我和拍爸都没有遗传给她"表现基因"，又奉行用无条件的爱养育的原则，所以她不擅长察言观色、讨好大人，只是顺应自己的节奏慢慢成长。想通了这点后，不久又接到小拍钢琴老师的演出邀请。

我问小拍："有钢琴演出你要不要参加呢？你只要弹你最熟的那首《保卫黄河》就好了。"她的回答依旧是不要，她会不好意思。

我第一次蹲下来告诉她："没关系，你才6岁，不好意思很正常，等你长大一点就好了。妈妈到了20岁才敢上台，爸爸到了30岁才敢跟很多人说话。"

以往拒绝后的谈话气氛，都是她的黯淡眼神里夹杂着我的失落。而这一次，小拍带着一点点被理解，内心获得安全感、如释重负地点了点头。

孩子你慢慢来

自从不再执着于让小拍登台表演，不执着于要当一个"成功家长"，我也就渐渐放下了焦虑。

我和拍爸想，就算女儿也等到二三十岁才敢上台，和我们一样，好像也没什么问题，不是吗？但孩子的成长真是令人捉摸不透，小拍比我们预想中的节奏要快了太多。小学一年级快结束的时候，小拍因为英语口语不错，被推选当升旗仪式的英文小主持。也许是被推选的荣誉感，小拍没有犹豫就接下了老师的任务。她跟我说："妈妈，老师说下面有1000多双眼睛盯着我，不能出错的。"

都不需要我过多地鼓励，孩子已经干劲十足。看她的英文稿，长句不少，还有很多生僻词我都是第一次见，难度可不小啊。

整整一周，小拍回到家除了睡觉，几乎所有时间都在背她的发言稿。放学后还常常要求我陪她去学校升旗台，进行"实战演练"。做好了万全的准备，她上台的那一天，表现好到让我惊叹，简直是完美的首秀。

小拍声音亮丽沉稳，全篇发音标准流畅，别说20岁的我，恐怕连现在的我都做不到这样的完美主持。勇敢地迈出了第一步后，小拍渐渐没了"舞台恐惧症"，才有了艺术节上毫不怯场的尤克里里演出。

这样的变化，不是大人逼迫着推她上舞台就可以达到的。**孩子有自己的内在节奏，需要一点点去观察，去积累。父母最好的做法，就是不要给孩子乱贴标签，更不要把自己的执念强加给孩子。站在孩子的角度去尊重，相信他们会成为自己最好的样子。**

家有害羞孩子的妈妈，我们自己是不是也曾经是一个害羞的小女孩？当被人误解、比较、评判的时候，最想听的一定是这句："没关系，你还没有准备好，妈妈会永远等你、爱你。"

培养孩子的自信，淡然看待输赢

学校里、社会中让孩子参与竞争的场景已经足够多，家长没有必要再去强化和鼓吹孩子的竞争意识，更不要动不动拿"别人家的孩子"来做攀比。

前段时间我举办了一场关于磁力片的活动，让妈妈们拍下孩子们搭的各种磁力片造型图片，然后我从中选 50 位宝贝每人送一套摩天轮磁力片。

活动期间，"小莉助手"服务号后台挤进了几千张图片，眼花缭乱，简直把我看呆了。孩子们的创意百变，要挑选出 50 位水平最高的，我发现"臣妾根本做不到"！一是数量众多，二是衡量标准也很难统一，这场活动，在我多次纠结修改获奖名单之后，最后到底是哪些宝贝幸运中奖，真的成了看缘分！

名单公布后，果然听到不少妈妈遗憾的声音。有觉得自己宝贝拼得不错却没得奖的，也有觉得获奖作品一般的，还有说孩子一看没得奖，就在家大哭的……虽然这些结果都在我的预料之中，但也勾起了我更深层次的思考。

一场小小的活动，奖品不过价值三四百元，孩子们和家长们都如此看重，除了对我的信任之外，潜意识里是不是也萌生了"不想输"的念头？这个念头引发了我们一系列反应，比如质疑规则不公，比如无法接受落选的结果。竞争意识几乎是人类与生俱来的，这能够让我们在生存中时刻保持警惕。在竞争中没有得到自己想要的结果，孩子们的情绪肯定会有波动。有些孩子的反应会特别强烈，参加个什么比赛输了，就哭得肝肠寸断，怎么哄都哄不好；在什么事情上都喜欢争个第一，争不到就捣乱；害怕竞争，拒绝参加任何要"竞争"的活动。

　　这样的孩子往往不在少数，他们自信又外向，喜欢"争强好胜"，但遇到挫折又很脆弱。我想，这跟孩子家长的性格、心态和引导都有很大的关系。

不要过度强化孩子的竞争心理

　　我有个远房亲戚的孩子，和小拍一样上小学一年级，成绩挺不错，经常拿奖。他爸爸特别喜欢在家人微信群和朋友圈晒孩子的成绩单、奖状，以及认真学习的照片，引来一大片人点赞。孩子也渐渐熟悉了这个套路，爸爸不记得晒，他还会提醒爸爸："我这幅画画得这么好看，爸爸你怎么不拍照发到朋友圈里去？"

　　结果父子俩已经形成了默契，孩子一得到什么开心的"战利品"都要晒，朋友写的评论，孩子也都会一一过目。结果有一次，在家人微信群里，孩子妈妈说孩子这回考了98分，错的那道题感觉是老师判错了，孩子哭着喊着希望她去找老师把分数改回来。孩子妈觉得左右为难。亲戚们纷纷七嘴八舌，赞同和不赞同的意见都有。我一直没有吱声，但心里暗暗想，孩子根本不在意这道题应该怎么答，只在意失去的那两分，这样一来事情就已经变味了。

孩子的注意力被家长转移到各种"攀比"的事情上，自我成长力量分散，而竞争带来的焦虑感会越来越强地消耗孩子的精力。

我深深地担心，他以后在成长道路上，在面临更巨大的挑战时，心态会变得更扭曲。

如今，学校里、社会中让孩子参与竞争的场景已经足够多，家长没有必要再去强化和鼓吹孩子的竞争意识，更不要动不动拿"别人家的孩子"来做攀比。

每个孩子都有内在的生长秩序，家长过度地干预，只会让他外强中干。

呵护孩子失败后的脆弱

"我家孩子上次没拿到三好学生，哭得像杀猪一样撕心裂肺啊……真是怕了他！""去年面试的小学没要我家宝贝，上学前几个月都是闷闷不乐的。""玩个游戏，我家孩子一输就要打人，搞得其他孩子都不爱跟他玩。"……

一说到孩子在竞争中输了的表现，五花八门，家长们也一脸无奈。在这种时候，跟孩子说"没什么大不了"，他通常都听不进去。

其实我们成人在争取自己想要的东西而最终没得到时，也一样会沮丧、失落、郁闷、抓狂……也没好到哪儿去。

几年前，一个男孩和小拍玩足球桌游，后来输了，大闹餐厅，结果被爸妈揍了一顿，那场景我到现在还记忆犹新。

孩子表面上是不哭了，但心中的失落和无助却无处发泄。大人还可以喝酒、购物，找闺密吐槽，小小年纪的孩子却要内化自己的负面情绪，想想是不是有些残忍？

孩子从一出生，我们就给他的人生大赛拉开了序幕。"不要让孩子输在起跑线上"这句话，不知道累惨了多少孩子。

当孩子在竞争中败下阵来，也是他最脆弱的时候，他最需要家长的陪伴和理解。他哭也好，闹也好，我们都关上说教的嘴巴，多听听他的倾诉，也许他的负面情绪就会在爱的包容中消散无形。否则，在一次次负面情绪的内化消耗中，孩子会越来越无法接受"输"了的感受，竞争带给他的是无穷无尽的失衡和折磨。

淡然看待输赢，才会内心强大

那我们到底要用怎样的心态看待孩子的各种竞争活动？三个字——平常心。家长怀有一颗平常心，传递给孩子的能量也会是淡定从容的。

如果他特别在意某项比赛，我们更要在孩子参与前明确我们的态度："宝贝，能不能拿奖不是最重要的，而是你参与过程时的感受，希望你结束之后分享给我听哦。"

放在我那个微不足道的磁力片活动中，同样如此。孩子们专注而又认真的状态，充分享受发挥想象力创造出各种"神器"的过程，拼搭完成后孩子雀跃的成就感，才是这个活动想要带给孩子的真正乐趣。

有的家长喜欢针对孩子的输赢，给予奖励或者惩罚。孩子赢了，你比孩子还开心，给他买这买那；孩子一旦输了，心里特别不爽，忍不住还要批评几句。

教育全在细节之中，家长如果不注意言传身教，孩子发展的方向就会南辕北辙。

看到这里你会发现，输不起的孩子，全然是由我们的双手和思想培养出来的。

人的一生如此漫长，从小就让孩子看重每一次竞争的输赢，他的心灵会被早早关进病态奋斗的牢笼中；人的一生又是如此短暂，除了竞争和挑战，还有许多美好的体验来不及感受，又匆匆走过……

著名亲子专家海文颖说：**"当幸福感依靠别人的认可，或者通过与别人的比较而获得时，很不牢靠，随时可能烟消云散。"**

老子也曾说："夫唯不争，故天下莫能与之争。"只有放下竞争意识，才是拿起竞争能力。

设想一个孩子体质好，心理健康，有求知欲，开朗友善，自信平和，那么即使他从未听说过"竞争"这回事，在未来的人生中，又有什么样的竞争会打败他呢？

"成长预设"是最伤孩子的一种期待

　　每个孩子都有独一无二的节奏，每个孩子也有自己的认知边界和能力边界。年龄只是孩子一个很宽泛的行为参考，却不是绝对。

　　身边许多人都说，老大和老二的年龄差距要是超过 7 岁，基本就不会有争宠这回事儿了，两个孩子会有像两条平行线一样的世界。

　　我本来信以为真，在老二宁宁还是躺着玩儿的小可爱时，姐姐小拍的柔情之光曾经让我老泪纵横。但是等到宁宁进化成"两脚兽"之后，永远保持"姐慈妹爱"居然就成为一个遥远而奢侈的梦。因为小拍每天都会问我八百遍："妈妈，你最爱谁？"每天都要我进门第一个跟她打招呼，每天都要在我夸宁宁时挤到我怀里求表扬……

　　我恍恍惚惚，总以为在怀里的还是个两三岁的宝宝，可晃晃眼睛，她明明是个身高一米四，都快被童装界驱逐的大姑娘了！面对她的各种怒刷存在感，我也只能强颜欢笑一遍遍重复："爱你，爱你，妈妈最爱你。"

　　我和一个资深二宝妈朋友吐槽这事儿，忍不住在末尾加上一句话："她都这么大了，怎么还争宠啊，不是听谁说，这么大不屑于和两岁娃争了吗？"

朋友哈哈大笑，逗趣道："是谁跟你说这么大不争宠的，叫他出来，我保证不打死他！"

我俩笑得前俯后仰，朋友接着说道："孩子的很多行为，很难用'你都这么大了'来界定，每个孩子内心都有独一无二的节奏，没有人规定9岁的孩子就不能和2岁的孩子争宠啊。"

对哦，为什么我对小拍会有这样的"成长预设"？

朋友的一番话，对我有"醍醐灌顶"之效，让我突然意识到在这个问题上，自己似乎掉落到陈旧的思维模式里很久了。

留心一下身边，我也发现，经常会听到"你都这么大了，怎么还……"这样的句式，几乎是很多家长的口头禅。无论是新一代的年轻父母，还是老一代的爷爷奶奶，或是邻居大妈，路人甲乙丙，似乎很多人心中对孩子都有一个根据年龄画出来的能力坐标。

你都5个月了，怎么还不会翻身？

你都1岁3个月了，怎么还不会走路？

你都1岁半了，怎么还不会自己吃饭？

你都2岁了，怎么还不会说整句子？

……

这些能力坐标有些参照的是书本，有些是经验，还有一部分是别人家的孩子。幸好孩子小的时候，发展的大多是基本的生存技能，终有一天他们都会慢慢学会，这个过程也会渐渐淡去。

但等孩子差不多5岁以后，他要发展的能力就不再是普通的生长发育，可大多数人，还是没能脱离能力坐标的"牢笼"，按年龄给孩子一一埋下各种"成长预设"。

我自己检讨了一下，不论曾经还是现在，对小拍都有过"成长预设"。

比如和她分床睡，一直进展得不是很顺利，虽然一直提醒自己要接纳她反复无常的状态，但陆续听到几个小区的邻居说自己的孩子三四岁就顺利分床，我还是会忍不住在心底咆哮："我家小拍都这么大了，怎么还分不了床睡啊……"

这还只是控制在内心范围的波澜壮阔，修炼不够的时候，我也当面吼过小拍。

在美国，有一晚，我们全家人都跑到阳台看别人放烟花。可怜的"哈比人"宁宁完全看不到，着急地抱我们的大腿撒娇。拍爸一把抱起她，爽快地让她骑在脖子上看。宁宁"咯咯咯"开心得不得了，却刺激了姐姐小拍的嫉妒之心。她挤到爸爸怀里嚷嚷："爸爸，抱我，我也看不到……"

于是拍爸强充壮汉，想用单手再抱一个。我不知道哪儿来的愤怒从心底蹿到脸上，突然大声斥道："小拍，你在干什么，你都这么大了，还不能懂事一点吗？！"

最怕空气突然安静，那时窗外绚丽烟花冲上天，小拍眼泪扑簌掉下来。她委屈地号啕大哭了很久，伴随着天空中"砰砰砰"的烟花声，像一只孤独受伤的小刺猬蜷缩在阳台角落……那一幕对我和她的冲击，让我现在回忆起来，都心跳加速，脸红羞愧。

事后我向小拍道歉，她原谅了我，但我的反省到如今才深刻起来。一个9岁的孩子，我有什么资格要求她一定要"懂事"？她不过也想要爸爸同等的爱，表达方式没有被我接纳罢了。

而"懂事"是个太宽泛的词，对孩子却是把锋利的刀子，刺痛的是一个纯净的灵魂。

"你都这么大了，怎么还这样，怎么还那样，应该要怎么样了，不应该怎么样了……"

这样的逻辑背后是一条思维惯性——年龄成为孩子能力或行为的唯一标准。只要年龄一到，孩子就必须无条件服从或是做到。

用年龄去给孩子做"成长预设"，提要求、扣帽子，是我们大多数父母都在做，却没有意识到的事情。就像我那个朋友说的，每个孩子都有独一无二的节奏，每个孩子也有自己的认知边界和能力边界。而这条边界在哪儿？需要父母反复观察、揣摩、试探……这条原则和6个月的宝宝吃辅食没有太大区别。因为6个月一到，并不意味着她所有的固体辅食都能吃了，还是得一样一样摸索着来。

对于孩子来说，这世上没有谁规定，哪个年龄必须会做什么、哪个年龄不该做什么。年龄只是一个范围极其宽泛的参考。

以前对待小婴孩，我们愿意倾尽所有的耐心去悉心照顾，但是对待大一点的孩子，我们被环境、焦虑裹挟着，忘了留给他足够的时间和空间，忘了他也希望我们说"孩子，你慢慢来"，更忘了有的时候，他或许需要我们的帮助，才能够真正做得到。

我们留给他的，通常只有冰冷粗暴的一句"你都这么大了"……

我开始反省自己，既然小拍现在还做不到完全分床睡，我也只能放下所有的"成长预设"，接纳她总是半夜跑来我们房间的习惯；

既然她现在还是热衷于和妹妹争宠，那我也只能给她更多的包容和等待……

美国有一首民谣：没有谁能真的长大，我们只是渐渐了解别人的期待。

所以到了二三十岁，还有父母说："你都这么大了，怎么还不结婚、还不生娃、还不生二胎……"凡是听到以这个句式开头的话，无论是大人还是小孩，谁都不好受吧。我们都想按照自己的节奏来过属于自己的人生。

孩子大了还要人陪睡，有问题吗

我不能因为她想让我们陪，就定义她是独立性太差，依赖性太强。而是当她想要陪，而我因为各种原因无法陪她的时候，双方如何沟通，找到一个我们都能接受的办法，来满足她的需求。

开学前我问小拍，暑假大部分时间都有人陪她入睡，开学了，你要自己独立睡了哦。她撇起小嘴有些不情愿，我赶紧鼓励说："你上学期就能做到了，开学都四年级了，肯定没问题。"

听我这么说，她勉强点头同意："不过你要先陪我睡着才能走。"

我心里一紧："唉，还是要陪。"

"陪陪陪，都快 10 岁了，怎么还要我陪睡，我现在可是三个孩子的妈，工作上还有那么多事，这孩子怎么就不能独立点，让我省心呢？"

她为什么还不能独立？是不是我哪里教育出了问题？

必须承认，有了老二老三后，每当小拍出了点什么状况，我的第一反应就是，是不是因为带小的太忙忽略了她，陪伴太少导致的？可转念一想，我们很多时候都尽力在陪伴她了，是不是有了小的后，我们对她有愧疚感，对她过度尊重，太过宠溺，所以她对我们的依赖心理也比较强呢？

想来想去，还是没答案。

新学期开学那天，老师组织家长们开班会，一个班的孩子年龄都差不多大，我忍不住问在座的家长们："你们的孩子都能独立睡觉了吗？"

有的说可以，有的说还不行，也有的跟小拍一样，要有人陪睡着，然后才能自己睡。

好吧，如此看来，似乎是个普遍现象，不是她不独立，也不是我教育有问题，我稍微安心一点。

这边刚把纠结的心放下，那边新学期课外兴趣班又要赶紧报了，我和拍爸寻思，小拍身体弱了点，这学期给她报个运动方面的兴趣班。正好看到小区里有个波特曼体育游戏兴趣班，我试探性地问了下她，她头也不抬："我不想报。"

"那你想报什么兴趣班？"

"我什么班都不想报。"

"什么兴趣班都不上，我看你每天躺床上，什么也不干最好了。"我有点气急败坏。

脑子里一团糟，怎么别人家的孩子这个有兴趣，那个也有爱好，我的孩子就什么也不想多学，我这个当妈的实在太失败了。

我回房间跟拍爸吐槽："你这运动细胞怎么就没遗传一点到女儿身上？"

拍爸眨眨眼说："我可是有了教训了，去年给她报的一对一高尔夫球，报名的时候说得好好的，上了几堂课就开始磨磨叽叽不愿意了，每次上课都弄得我求她似的，我可不干这事了。"

"那你说为什么这几年的游泳课，她都坚持下来了？"

"那还不是因为有黄黄一起报名的？"

对啊，看来是要有伙伴一起，一语点醒梦中人。

说完，我赶紧在家长群里发详细的课程介绍，看有没有小伙伴想参加，又转头去问小拍："要是有同学一起报名你愿意吗？"

她立马两眼放光，听说是自己的好友，她更是一蹦三尺高。

看来办法有效了。

周一上班，和工作室的几个同事聊天，我忍不住又跟大家吐槽，却遭到了暴击。

虾球酱说："我到大学了还都要找伴呢，课间上个厕所都要有人陪着一起去，一个人就不想去。"

柔妈更夸张："印象中，四年大学里，只有一两次是独自去食堂吃饭，吃着吃着眼泪都流下来了，觉得自己好可怜。"

可小拍的同学其实很独立啊，那为什么呢？

去年班上组织在一个农场烧陶，然后要野外露营，小拍班上有两个同学因为家长没空，是坐我们家车去的，要是换作小拍，别人都有父母陪，她没父母陪，肯定不愿意去。

"我觉得没必要跟同学做比较，每个家庭不一样，这个孩子可能父母平常都很忙，孩子渐渐习惯了这种状态，小拍你们以前一直陪得比较多，现在有了老二老三，陪伴时间骤减，她一直难以适应。"

"这么说还是拍爸总结得对啊，问题出在我们陪得太多了。"

"陪得多，本身也不是问题啊，如果你们在一起觉得很好很开心，那陪伴就是相互的，问题在于她希望你陪的时候，你没办法陪她，这才是问题吧。"

柔妈果然厉害，一下子说到了问题的关键。

昨晚哄完老三，出来看到小拍正在写日记，写完日记收拾好书包已经快 10 点了，我陪她躺下。

其实从孩子放学，到伺候三个人吃饭、洗澡、睡觉，我连个喘气的时间都没有，这会儿好想有点自己的时间，横在沙发上摸摸手机放松一下，心里就盼着孩子能赶紧睡着。

过了一会儿，小拍睁开眼睛说："妈妈，我睡不着，老是想一些可怕的情景。"

"什么可怕的情景？"

"暑假的时候看了《超人总动员》之后，我还经常会幻想里面的一些画面。"

"用妈妈教你的办法，数自己的呼吸，慢慢数着数着就睡着了。"

过了好一会儿，见她没动静了，我悄悄地按住床板起身，轻轻下地穿上拖鞋，正准备开门，她忽然在我身后坐起来，"妈妈，我还没睡着，你别走。"

我瞬间抓狂了，这时都 10 点半了，"你还不睡，妈妈还没洗澡，半夜 Lisa 还要吃奶，再不让我去睡，妈妈又要头痛了知道吗？"

"可是我还是很怕。"

"我不管，我要去洗澡睡觉了。"

正在僵持间，已经把宁宁哄睡着，正在动感单车上挥汗如雨的拍爸来解救我了，"你去洗澡吧，我来陪她。"

虽然拍爸临时解救了我，但以后怎么办呢？的确，我不能因为她想让我们陪，就定义她这是独立性太差，依赖性太强。而是当她想要陪，但我因为各种原因无法陪她的时候，双方如何沟通，找到一个我们都能接受的办法，来满足她的需求。

昨天放学回到家，我试着跟她沟通，"你想让妈妈陪睡着，妈妈能理解，但是如果太晚了，妈妈就会着急，如果你能早点收拾好，在 9 点半以前就上床，爸爸或妈妈就陪你，超过9点半，你就自己睡，好吗？"

"好。"

这个第一次执行新规的夜晚，平静如水。然而，想到以后这两个小孩的漫漫陪睡之路，当妈的脑子里警铃一响。

拍爸却悠悠地吐出一句："这俩差不多大，等都上幼儿园了，让她俩互相陪。"

听他这么一说，我仿佛又看到了曙光。

还好，我有个爱美的女孩

"美"是一个人的生命充满听觉、视觉、嗅觉、味觉等各种不同心灵感受的库存。当有一天孩子长大了，想从心灵库存里提取出美的时候，他才会觉得源源不绝。

上周末，我在朋友圈晒了一组小拍扎辫子的照片，收获了大家的一片赞叹。辫子是小拍姑姑扎的，看到女儿精致又淑女的小模样被夸奖，我这个手残老妈欣慰中又带着点内疚。

想起我自己小时候，很长一段时间都是短发，穿着从亲戚家"捡来"的衣服，连基本的合身和性别相符都做不到，又哪儿来的美不美？

快到高中的时候，我才渐渐懂得"臭美"。有次看到一件并不贵的白衬衫特别想买，但妈妈就是不同意，我硬气地绝食了快两天，换来的依旧是那句反复回响在耳边的话："这么小就开始爱美了？天天想这些美不美的干什么！把这点心思用到学习上不好吗？"

那个年代，爱美和学习仿佛就是天敌，撞在一起便水火不容，而学习显然是水，瞬间就能把爱美的心给"灭"了。

呵护孩子爱美的心

当了妈妈后，我常常觉得育儿过程中的每个细节都在跟自己的原生家庭搏斗。明明自己经历过爱美的心被压制的痛苦，这样的人生经历却还是差点又重复在女儿身上。

小拍上小学前，我给她买的衣服几乎全是运动系列的，看她那时候的照片，跟美丽淑女完全沾不上边。

一是她性格实在太活泼，一不留神就上树躺地，穿成公主风太不搭了。

也许是我的潜意识在作怪，孩子穿衣服舒服干净就行，不用讲究那么多。小拍每次吵着要买公主裙的时候，我都想方设法地拒绝她。

她上幼儿园大班后，有一次老师打电话说小拍今天临时有一个小演出，能不能找一条漂亮的小裙子送来。

我赶紧去小拍的衣柜翻了个底朝天，发现竟然连一条像样的裙子都找不出来。勉强翻出一条很久前买的、有点皱巴的小黄裙给她送去。

看着幼儿园别的小姑娘都换上了五彩缤纷的公主裙，在小舞台上闪闪发亮，小拍穿着一条不太合身的朴素裙子站在其中，从她五六岁的小眼神里，我看见了明显的落寞。

这让我想起联合国儿童基金会做过的一个试验。

一个小姑娘穿着精心搭配过的碎花大衣，绑着可爱的丸子头，走进一家餐厅。餐厅里的人看她没有大人跟着，都主动过来和她聊天，宠溺地摸摸她的小脸，给她好吃的，折小飞机逗她开心。

之后，试验组给她换了个打扮，脸上涂上脏兮兮的烟灰，穿上一身又大又旧的衣服。当这个邋邋遢遢的小姑娘再次走进这家餐厅后，仿佛一下子从之前温暖的天堂，掉进了冷漠的地狱。

再没有人亲切地问她问题，四周都是嫌弃的眼神，她被推来推去，谁都不愿意搭理她。

之后小姑娘哭着冲出了餐厅，她说："我太难过了，大家都叫我快走开。因为我穿着肮脏的衣服。"

试验的本意是让我们不要以貌取人。

但从另一个角度看，即使是孩子，别人对他的态度很大程度上也会受到穿着打扮的影响。

一个每天穿着大方得体、干净整洁的孩子，他身边的世界很可能充满善意和温暖。而一个穿着不够合身的衣服、邋邋遢遢的孩子，也许感受到的就是另一番嫌弃和讥讽。

作为父母，我们有责任给孩子一个不被怜悯和嫌弃的外在。

懂得美，才是一生的滋养

契诃夫说："人的一切都应该是美丽的：面貌、衣裳、心灵、思想。"

但我们时常把它们割裂开来，不自觉地表达给孩子：内在美才是重要的，能力才是重要的，而在意外表是肤浅的，甚至是可耻的。

一个从小审美就被畸形压抑的孩子，如何能自信地欣赏自己？

就像主持人董卿说起她"不能照镜子、不能穿新衣服"的童年，尽管原谅了父母，但依然落泪地表示无比遗憾，那二十年的自卑和缺失，永远也无法补回。

当我们的孩子第一次吵着要穿漂亮裙子，或者想扮酷扮帅的时候，我们为什么不能微笑着告诉他们，宝宝知道爱美了，真不错！

孩子就是一次次从认可的眼神里，明白追求美、欣赏美是一件值得骄傲的事情，才会在这其中懂得美，并热爱自己的身体，抬头挺胸，开心自信地笑。

孙瑞雪在《捕捉儿童敏感期》中说："成人的气质是由儿童期间的审美导致的，童年的审美奠定了人一生的审美倾向和生活品质。"

小时候的审美可能只是衣服的选择、颜色的甄别，但渐渐地，就会涉及对生活的取舍和人生方向的选择。

看过一段话，印象很深，"以貌取人，绝对科学。衣着显审美，发型表个性。性格写在唇边，幸福露在眼角。理性感性寄于声线，真诚虚伪映在瞳仁。站姿看出才华气度，步态可见自我认知。表情里有近来心境，眉宇间是过往岁月。"

所以，请从孩子幼年起，就多让他们浸润在美好的事物里。

从大方得体的衣品、优雅灵动的音乐、恢弘美好的建筑，到生活中精致摆盘的一蔬一饭、清新美好的一草一木……

"美"是一个人的生命充满听觉、视觉、嗅觉、味觉等各种不同心灵感受的库存。当有一天孩子长大了，想从心灵库存里提取出美的时候，他才会觉得源源不绝。

女孩养育：撕掉女孩标签，活出本该有的样子

　　"不做到最好，展示给别人看就是丢人；你是女孩，所以不能太有个性、太张扬……"这些潜移默化的设限，屏蔽掉了女孩本应该拥有的许多人生机会。

　　前两天，我带宁宁在小区里玩，看见两个五六岁的孩子在滑滑梯那里爬上爬下。小男孩爬到滑滑梯上，"砰"的一下跳下来，然后得意扬扬地看看旁边的妈妈，妈妈大概见惯了这种场面，笑笑说了句："很勇敢哦！"

　　在一旁的小女孩也要学着往下跳，刚摆出姿势来，她的妈妈就赶紧要把她抱下来，边抱边说："多危险啊！女孩子家的，跳这个干什么！"

　　小姑娘一脸委屈，明明都是一样的动作啊，为什么男孩子得到的是表扬，她就被训斥了？

因为是女孩，所以不敢？

　　我想起看过的一个 TED 演讲，在养育女孩上，我们家长是不是不自觉地给孩子贴了太多标签。演讲的人叫 Reshma Saujan，她说自己在之前的人生里一直都谨小慎微地做事，直到 33 岁那年，她不知道哪里来的勇

气，竟然去参加了国会议员选举。周围的人都觉得她疯了，认为她不可能成功，当然最后的确也失败了。但那次的经历，使她第一次意识到，**原来勇敢地做一些没有把握的事情，对女孩子来说是那么重要。**

她分享了一份惠普的调查报告：男人在找工作时，如果满足 60% 的招聘要求，就会觉得自己完全能胜任，而女人要 100% 满足要求，才敢提出申请。

为什么会这样呢？女生为什么会这么不自信？

想想看，不管是美国还是中国，我们在教养女孩的时候，是不是不自觉地透露出这样的信息：女孩要有女孩该有的样子，笑不露齿；要乖乖听话，不能到处疯玩；以后要嫁个好人家，过安稳的生活……

就像我们小区那个女孩的妈妈，下意识地就要帮女儿规避往下跳的风险，跳了就"不是个女孩样"了。

Reshma Saujan 说，这样的要求造成了女孩们很大程度上的"勇敢赤字"。也就是说，**女孩们在生活、学习方面，更容易变得谨小慎微，在做重大决定时会不够勇敢。**

所以当我们发现女人在企业高层、政府、高新技术行业的表现不如男人时，除了埋怨性别歧视，也应该反思一下，是不是在最初的养育上，就给女孩贴了"不要勇敢、只要安定"的标签？

因为是女孩，所以人生就这样吧？

最近我身边发生一件事，我一个大学学妹一直都是优秀的代名词，读书的时候是学校的风云人物，毕业后职场上自信干练，很快就在一家外企升任项目总监的位置。但前不久她发朋友圈，说正式从公司辞职，要用半年时间专心备考公务员。

得知这个消息，认识她的人都非常震惊，不明白她为什么要放弃这么好的职业前景，选择去当一颗不起眼的螺丝钉。

她的回应是："我知道这样做很 low，但我 31 岁了，再不把自己嫁出去，就真和我妈说的一样，变成老女人了！"而她要嫁出去的前提是满足她男朋友的愿望，成为一个公务员。

她男朋友的原话是："我想找一个有稳定工作的老婆，回家就能吃上一口热饭热菜，我晚上加班回来时，会有一盏灯为我亮着，我觉得那才是家。"

可学妹不会做饭，有时候忙起来总是加班到凌晨，比她男朋友还拼命。怎么办呢？为了不变成没人要的"老女人"，她只有牺牲自己的事业了。

她最后说出的话很让我感慨："其实我也不是非他不可，只是我到了这个年纪，已经没有力气去谈一场轰轰烈烈的恋爱了，两个人合适就可以走到一起，我爸妈觉得他挺好，我也觉得还不差，所以人生就这样吧！"

学妹这样的选择未必就不会幸福，但心里还是不免觉得好可惜。

试想一下，如果是一个 31 岁的男人，大概会觉得自己的人生才刚刚进入最好的年华，还有无限的可能，不怕一无所有，只要敢去拼搏就够了。

而对一个优秀的女人来说，她的首要需求却是要去选择一个"就这样的人生"。

我们的家教环境，从小就教育女孩：要淑女不要冒险，长大后要学会做家务、干得好不如嫁得好、老公才是人生的第二次投胎……不知不觉间就已经把"要活成那种人生"刻在了她们的心底。所以，她们其实是别无选择啊！

因为是女孩，所以不能张扬？

在 TED 的演讲里，Reshma Saujan 还讲了这样一个故事。在一次编程课上，一个女孩特别可怜地向老师求助："老师，我不会写代码。"老师走过去，看到她的电脑屏幕一片空白："难道过去的 20 分钟，你就只盯着屏幕发呆？"其实并不是，这个女生的代码只差一点就已经要完成了，但为了不展现这"在她看来不完美"的代码，女生选择了全部清除干净。

然后她把问题都归咎到自己的能力上：一定是我太笨了，我什么都做不好。看着女孩卑微谨慎的模样，真让人心疼！

生活中，我们一次次告诉女儿：女孩子要谦虚内秀，不要张扬。而我们家长当着女儿的面跟别人说"我家姑娘没你夸的那么好，毛病多了去了"时，孩子接收到的是：我怎么做都不能让爸妈满意，那么在她心里又何来面对新挑战的自信呢？

我一个专门做海外留学的朋友说，很多中国孩子，特别是女孩，明明特别优秀却还是申请学校失败，就是因为面试的时候太谦虚！他说，中国孩子明明钢琴都练到八级了，但也只对面试官说："我钢琴弹得一般。"而国外孩子会弹个《小星星》就敢说："我特别擅长弹钢琴。"

"不做到最好，展示给别人看就是丢人；你是女孩，所以不能太有个性、太张扬……"这些潜移默化的设限，屏蔽掉了女孩本应该拥有的许多人生机会。

养育女孩的父母们，再也别给孩子贴那么多的标签了，更别狂妄地告诉孩子："不用去体验了，我吃的盐比你吃的米还多，世界对女人就是这样的！"

请给每一个女孩空间，她们既可以玩洋娃娃，也可以对汽车感兴趣；既可以是贤妻良母，也可以一个人活得很精彩。

让她们自由感受，体验各种事物，才会拥有生命的广度和深度，感受到人生别样的意义！

男孩养育：做个有温度的男子汉

在养育的过程中，我们人为地给男孩的感受和情绪设定了很多条条框框，限制了他们的情绪表达。放下固有偏见，教会孩子做一个有温度的男子汉。

最近看到一则让我揪心的新闻，说的是北京一名数学教师邹某在外辅导学生，利用在学生家中的教学机会数次强奸一名 17 岁女学生（化名小花）。

补课期间，小花曾多次提出不想再补课了，却都被爸爸拒绝了，理由是常换老师不利于学习。面对小花的异样，父母没深究原因。小花只能忍气吞声，默默承受邹某的多次猥亵和性侵。最终，父母通过监控才发现了事实的真相。老师的行为固然让人气愤，可是，小花父亲的做法更让我心寒！

女儿多次提出不补课，父亲每次都以换老师不利于学习这么简单粗暴的理由驳回她的请求，很少关注女儿的内心感受和情绪，甚至不去问一句为什么，只一味地讲道理让女儿顺从。

比这更离谱的是，为了收集证据，他还能一边看着自己的亲生女儿被人性侵，一边录下全程！看到这里我简直想骂人了。

他说，自己当时看到猥亵画面就愤怒至极了，但想到若不把全程录下来，缺乏证据，报案时就会很不利，无法让邹某得到应有的惩罚，只好强忍着愤怒录下了全程。

我无法想象，自己的亲生女儿被人凌辱，他居然还能忍着看完全程不发作，真想问一句，这是亲生的吗？

父亲在 2016 年 12 月 25 日看完监控，2017 年 1 月 3 日质问邹某，直到 1 月 6 日再次找邹某被拒，才报警。从案发到报案，中间相距十多天。这十多天里，或许他在犹豫、纠结，权衡当中的利弊得失。

少一些克制，多一些表达

一个父亲究竟要理性成什么样，才会有上面匪夷所思的举动。知乎上曾有个网友说：

什么是理性？理性是指：男人能够计算不同做法的成本与收益，并做出收益与成本差最大化的选择。

多么精辟的总结啊，可是作为一个男人，尤其是一位父亲，过分理性的爱，很难让人感觉到爱本该有的温度。

武志红老师曾说过：

"中国多数家庭中，父亲是缺位的。但悖论是，多数中国父亲是老实的，他们一直都在家里。他们的爱，是有点暖意的，但只是一点暖意而已。他们的爱，犹如他们存在自身，淡淡的，弱弱的，可有可无。他们的好意，常胜过母亲，但子女们常感觉不到他的存在。"

你爱我，可我却感觉不到。这难道不是作为父亲的悲哀吗？有人说，中国男人比较内向、含蓄，不会表达，不喜欢把自己的感情外露，总喜欢隐藏自己的爱。

虽然是一种调侃，可仔细想想，确实如此。

中国人，尤其中国男人，在情感的体验和表达方面，确实不如外国人外放、自然。美国前总统奥巴马在卸任的演讲中，可以当着全世界的面，向自己的妻子和女儿深情告白。

想想看，一个总统在一个这么重要的场合、重要的时刻，深情、自然地表达着对家人的爱，这一切看起来是多么和谐美好。

而我们中国的男人，常常缺少这样的表达。很多女人吐槽自己的男友、老公、老爸，明明是喜欢的却总也说不出口，明明是在乎的却怎么也不表露，明明想念你却不告诉你，好像把这些话说出来，他整个人看起来就不酷、不男子汉了。

有些男人面对危急情况，明明是可以为你舍弃性命的，可转过身，让他对你说一句"我爱你"，他会立马不好意思或者给你甩一句："矫情！说这些虚的有什么用，我爱你不是明摆着的吗？"

这或许跟我们中国传统的观念有关，在大多数人的观念里，女人可以伤心就哭、高兴就笑，可如果一个男人遇到伤心的事，流两滴眼泪，就会被投以鄙视的眼光，"懦弱，一点小事都哭，真没出息，太娘了！"

武志红老师在《坏情绪不是你的敌人》一文中提到：

许多人的身体逐渐枯萎，神情也日益呆板。他们有一共同点：灭掉了负面情绪。

可情绪能被消灭掉吗？它只是被隐藏起来了，情绪本身没有好坏之分，关键在于我们看待情绪的态度。真实地表达自己的情绪是所有人的权利。

男孩哭吧，不是罪

之前看《中国诗词大会》，里面有一幕让我印象很深。有个小男孩叫冯子一，8 岁，上四年级。比赛中，答对两题后，在第三题回答错误遗憾下场。明明难得都想哭了，可他还要故作坚强说：眼泪是因为太久没眨眼睛流的。

那一刻，听得我的心都揪起来了，隔着电视机都想跑过去抱抱他。他说，爸妈都不在身边，和姥姥姥爷生活在上海，思念爸妈还不敢说，担心妈妈会哭。在 8 岁这个年纪，原本只是个孩子，可是他的懂事和故作坚强，让人心疼不已。

每个人，无论是男孩还是女孩，都有着各种各样的情绪，酸甜苦辣的感受。然而遗憾的是，大多数人看待情绪的逻辑都是：快乐有理，悲伤无益。

在养育的过程中，我们人为地给男孩的感受和情绪设定了很多条条框框，不允许他们自由表达自己的感受和情绪，渐渐地，孩子对自身感受和情绪的感知力就越来越弱，曾经鲜活的生命硬生生活成了行走的机器人，变得僵化、麻木。

这一点在养育男孩时尤为严重。在很多人的心中，或多或少都会对养育男孩有一些定位和标签。

比如，男孩就应该有阳刚之气，要理性、稳重，有责任感，有担当，要勇敢，不能哭，一哭就代表娘娘腔、娇气，仿佛男孩有情绪、哭泣是不被允许的，一哭就给你贴个"不勇敢、娘娘腔"的标签。

有些父母认为，养育男孩就应该采用军事化管理，对男孩事事要求严格，将来才会成为一个男子汉。更有甚者认为，养育男孩就应该奉行

"棍棒之下出孝子"的愚昧思想，孩子调皮、不听话，就用打、骂等粗暴的方式对待。拍爸以前对小拍生气的时候会来一句："你要是男孩我才不会这么客气！"

这种固有的观念和僵化的思想，成功地培养了一批批表面看起来理性、勇敢却缺乏感受力的男人。

放下偏见，鼓励孩子表达真实情绪

其实每个人都有表达情绪的权利，男孩也一样，他可以自由地哭、自由地笑，有高兴的时候，也会有伤心的时刻。

都说"男儿有泪不轻弹"，可别忘了还有下一句"只是未到伤心处"。

刘德华有一首歌《男人哭吧不是罪》，看完里面的歌词，让作为女人的我也感动不已，我摘录了几段精彩的分享给大家。

心在生命线上不断地轮回

人在日日夜夜撑着面具睡

我心力交瘁

男人哭吧哭吧哭吧不是罪

再强的人也有权利去疲惫

微笑背后若只剩心碎

做人何必撑得那么狼狈

再强的人也有权利去疲惫……

歌词写得真好！强忍、硬撑并不一定使男孩坚强，有时还可能会让他带着压力生活。

作为父母，该如何引导男孩表达自己的情绪呢？

放下固有偏见，教会孩子认识自己的情绪，鼓励他真实地表达自己的情绪。

让他们能痛快地笑，也能痛快地哭，情绪自然会像流动的溪流，奔流不息，他们的人生也才会有"面朝大海，春暖花开"的美好！

第三章

好方法：其实就是用对方法

爱的陪伴才是帮助我们和孩子保持亲密关系的"解药"。陪孩子玩耍、陪孩子阅读、陪孩子画画、陪孩子运动……和他一起，融进他的世界，好的教育方法其实就是用对方法。

陪伴孩子度过入园焦虑

孩子入园，是他从妈妈生命中分离，迈向独立的重要一步，在这场离别中，妈妈要相信孩子的适应能力，也要最大限度地对孩子的反复哭闹给予理解。

离 9 月开学还剩不到半个月的时间，每年都有很多妈妈来问我，如何处理孩子上幼儿园的分离焦虑？

对这个问题，我总是避重就轻，没法详细谈，因为我心底有一段痛苦又灰暗的记忆，还没有完全放下。

今天不知道哪里来的勇气，我突然很愿意把心里想的写成文字，感觉自己终于可以面对它了。

当初小拍入园前，我其实做了很多的准备工作，看了各种书籍和文章，给她读相关的绘本，提前上半托班，带她去幼儿园参观，给孩子幼儿园的正面信息，提前锻炼她的生活自理能力、与同伴的交往能力、语言表达能力……

所有我能想到的，几乎全都做了一遍，满怀期待地坐收成果，然而，现实却给了我猛烈的一击。小拍上幼儿园的状态特别不好，动不动就说不愿去，还大哭大闹。这种状况反反复复，整整持续了一年。对，整整一年！那时候，我都快抑郁了。

我怎么也想不明白，为什么我把该做的都做了，孩子还是这样呢？如今，我才慢慢醒悟，原来我犯了很多错。

这一次，我把自己的一些经历和感悟分享给大家，希望你们从中有所启发，避免走我当初的弯路。

不要对孩子抱有太高期望

小拍从一岁半左右开始，就坚持上蒙氏的早教班，在班上的十几个孩子中，她的语言能力、自理能力、交际能力等等，一直都比较优秀，是老师和其他家长眼中公认的班长。班主任曾经拍胸脯跟我说："看小拍在早教班的表现，以后上幼儿园，肯定没问题。"因为班主任的"保证"，我曾经还沾沾自喜。

可希望越大，失望也越大。我把小拍送去幼儿园的第一天，走到幼儿园门口，她还特别配合地跟我说拜拜，笑盈盈地就走进了教室。

第二天一大早，她就磨磨蹭蹭不肯收拾书包。我当时没放在心上，还帮她提着书包，要带她出门。没想到，小拍"哇"的一声哭起来说："妈妈，我不想上幼儿园。"我当时以为她只是有情绪需要发泄，闹一闹就好了，蹲下来一本正经地对她说："小拍，幼儿园每天都要上哦，不能说不去就不去了。"

结果小拍用更大的哭声回应我，直接躺在地上耍赖。我却觉得她不可理喻，抱起她就出了门，强行把她送到了幼儿园。

因为我从心理上没办法接受：**自己做了那么多的努力，为什么我的**

孩子还会这样？为什么她跟我预想的不一样？更让我难以接受的是，别人家的孩子，什么早教班都没上过，怎么上幼儿园好像就从来不哭呢？

直到后来，我才慢慢明白，因为我一直对她有过高的期望，无形中给了她压力，也造成了自己强烈的心理落差。而且我也渐渐发现，无论我们给孩子做了多么充分的入园准备，孩子多多少少都会有分离焦虑，这是再正常不过的现象。

入园准备不光是给孩子的准备，父母也要有相应的心理准备，甚至要做好孩子会哭闹一段时间，很难适应的打算。当孩子真的出现分离焦虑时，也在我们的预料之中，这种比较低的心理预期，可以在很大程度上降低我们的焦虑。

接纳、安抚孩子的情绪

除了分离焦虑，孩子初入园阶段的哭闹、烦躁、忧伤、紧张、不安等情绪，都是很正常的。试想，一个只有两三岁的孩子，与熟悉的亲人分离，来到一个陌生的环境，遇见一群陌生的人，对他的身心来说，确实是极大的挑战。

一个心理和情感发展都正常的孩子，他的哭是一种自然、常态的表现，哭是孩子宣泄内心情感最直接的表达方式。回想当初，小拍无论是在家还是在幼儿园，都经常大哭大闹，好像什么事情都不顺心，一点小事情就发脾气。

她之所以会这样，是内心情绪的宣泄，以表达对我坚持送她去幼儿园的不满，可是当时的我，并没有读懂并接纳她的这些情绪。

孩子不爱去幼儿园，或者一想到去幼儿园就不开心，**这样的情绪是应该被接纳的，不支持的只是不去幼儿园的行为而已。**

如果你的孩子也有了情绪，不愿意去上幼儿园，不妨先理解孩子：

哦，看起来宝贝很不想去幼儿园，也不想离开妈妈，但是，妈妈一直坚持送你去，你很生气，还很难过，甚至都以为妈妈不爱你了。（给情绪命名，并描述事情，让孩子清楚自己正在经历什么。）

嗯，妈妈以前上学也会有不想去的时候，我理解你的感受，你想生气就生气，想哭就哭吧！（允许孩子的情绪，并告诉他妈妈也有过这样的经历，你这种情绪很正常。）

妈妈陪你待一会儿，妈妈是爱你的！（表达爱，让孩子有安全感和被接纳感。）

这个时候，妈妈的情绪一定要平和，如果妈妈一副忧心忡忡或者不耐烦的样子，孩子感受到的是什么呢？

他感受到的是：妈妈只是想快点摆脱我，她这样说是敷衍我，一点都不真诚。

等孩子情绪稳定后，再和他平静地说说，为什么要上幼儿园，**并明确具体地告诉他，什么时候可以再见到妈妈**，让孩子觉得有个盼头。比如有些幼儿园是提供晚餐的，可以跟孩子说："你吃完晚餐，妈妈就会来接你了。"

孩子反复哭闹，主要还是因为家长

在胡轶群老师的《快乐入园宝典》里有这样一句话："很多时候孩子反复哭闹、迟迟不能适应幼儿园的生活，主要责任不在孩子，而恰恰是家长不当的做法造成的。"

想想确实如此，当初小拍动不动就哭哭啼啼，整个家都布满阴霾，我有时回家都不敢面对她，下班就去超市逛完一圈又一圈。我感觉到了她的烦躁，她也捕捉到了我的脆弱，彼此的焦虑情绪像病毒一样，互相传染、影响，形成一个恶性循环。后来我也慢慢明白，她之所以反复哭闹那么久，主要是受我的情绪影响。

有些妈妈为了让孩子不哭闹，会编一些"善意的谎言"来骗孩子：比如，明明是带孩子上幼儿园，却骗孩子说去动物园看老虎，结果到了幼儿园门口，孩子还没来得及反应，就把孩子塞给老师，然后快速离开。

还有些妈妈为了不直接面对孩子的眼泪和纠缠，还会选择不辞而别。

这些做法短期看似有效，但是一旦孩子明白过来是怎么回事，他会哭闹得更厉害，也会更黏妈妈，甚至拉着不让妈妈走，因为他担心妈妈又会突然不见了。

孩子入园适应的快慢、哭闹时间的长短，很大程度上，取决于家长的做法和态度。其实在送孩子入园离开时，有个动作一定不能少——跟孩子做好分离的仪式，比如一个亲吻、一个拥抱、微笑挥挥手，然后告诉孩子什么时候来接他。一开始，孩子可能还是会哭闹、难过，但如果妈妈每次都能保持微笑，和善坚定地和他说再见，慢慢地，孩子也会明白和接受自己要上幼儿园这个事实。

世上所有的爱都是为了团聚，只有母爱是为了分离。孩子入园，是他从妈妈生命中分离，迈向独立的重要一步，在这场离别中，妈妈要相信孩子的适应能力，也要最大限度地对孩子的反复哭闹给予理解。

只有妈妈做好了准备，孩子才会勇敢地迈出脚步。

孩子输了，该如何安慰他

"亲爱的孩子，我理解你的感受，你输了，而且只差了那么一丁点，一定很难接受，如果你想哭就哭吧，妈妈在这里陪着你。"

上周是小拍学校的体育科技节，前一天晚上她特别叮嘱我，一定要去学校看她比赛。

小拍参加了二年级的 100 米跑步比赛，去年她就跑了小组第一名，可惜我和拍爸那天有事都没在场。

比赛当天下午艳阳高照，我和拍爸很早就来到了操场。在赛道终点等候的我俩进行了分工，一个拍视频，一个拍照片。

我俩认真地等待着，因为太远了也看不清起跑的都有谁，忽然听到赛道两边有人在喊小拍的名字，我才赶紧举起手机。

小拍跑过来了，速度还挺快，我正激动地按着快门，她就一头冲了过来，没想到和第一名的女孩几乎同时撞线！

虽然没能拿第一，但小组第二也很不错啊，正准备夸她一通，可小家伙却紧紧抱住她面前的爸爸，流下了眼泪。

这状况来得猝不及防，爸爸赶紧安慰她："没关系，第二名已经很棒了。"我在旁边帮腔:"妈妈从来没资格参加运动会比赛,因为我跑步永远是最后几名。你看你才二年级,就跑 18 秒多,妈妈初三的时候才跑这个成绩呢。"

如果是在平时,她肯定会问我,妈妈你上学的时候体育真的这么差吗,或者你总有自己擅长的项目吧?可今天她对这些都没有兴趣,只是一个人啜泣。

为了尽快把她从失落的情绪中拉回来,我又掏出特意为她准备的益力多和冰西瓜,平时总为吃冰凉的饮食跟我各种耍花招的她,此刻只是呆呆地看着前方摇摇头。

我忽然意识到,这一刻,我说什么、做什么,都是多余的。

此刻,她的失落、委屈和难过,都是那么地真实。

而我说的这些无关紧要的事,只会让她觉得"我不应该为此悲伤,我应该在别人的安慰下感到高兴",她体会到的不是被同理,而是流动的情绪和感受被阻止。

我陪着你,你不孤单

跑了第二名,比第一名只差那么一点点,应该高兴才对啊,可这是我的感受,不是她的。

想象我是她,遇到她经历的事情,"我"会有什么感受,这不是同理心。

想象我是她,遇到她经历的事情,"她"会有什么感受,这才是同理心。

想到这里,我紧紧搂住她,抚摸着她的头发,任由她在我怀里默默流泪。

看着眼前的小拍,我想起了自己的经历。

那时候的我也为自己体育太差而失落吗？还真没有过。

从小学起，我的体育成绩就不好，800 米跑永远是我的噩梦。是的，我知道自己体质差，平衡能力也不好，所以我欣然接受了这个结果。中考那年，赶上体育成绩要纳入总分，我妈都替我着急。我告诉自己，体育上不去，只能拼文化课成绩。后来我拼命学习，文化课成绩弥补了体育的分数，最后考入了自己理想的高中。

体育再差也不是我的痛。可是，我永远都记得初二那年学校的艺术节。

艺术节的重头戏是一个舞蹈节目，从全年级里挑选一批又瘦又美的女生，排练的老师也是学校里的艺术骨干。

我之前没有舞蹈基础，所以一开始的名单里并没有我，后来因为人数不够，班主任才推荐了我。能被选上参加这个节目，我有些受宠若惊，加上女孩子本就对上台跳舞这种事，充满了幻想和期待。

从来没有上过舞台表演的我，憧憬着能在全校的大舞台旋转起舞，一展身姿，心里那个美滋滋呀。

接下来的每次排练我都早早到，一丝不苟地跟着老师的指令做，一遍遍地重复动作，生怕拖了后腿。

可是演出前两个星期，有一次排练的时候，老师突然让我和另一个女同学先在旁边看。有些诧异的我不敢问为什么，就站在排练室的最后一排。

等到大家排练完，回教室的路上，听几个女生在窃窃私语说，并不是所有的人都能上场，老师特意多选了人来排练，是怕万一有人临时上不了，可以有人替换。

我慢慢意识到，自己可能只是个备胎。

后来几次排练，我就和那个女生在后面静静看着，现在回想起来，我也不记得老师什么时候让我不用再去排练了，我只知道我不用参加演出了。

我知道那真的不好受

多年后的今天，我依然记得演出当天，我在台下和全年级的同学一起，看着曾经和我一起排练的同学们，化着漂亮的妆，拿着美美的扇子道具，在台上翩翩起舞……精彩的表演获得观众们的阵阵掌声，不时还夹杂着喝彩声和口哨声。

节目毫无悬念地获得了全校艺术节一等奖，而那个领舞，一个漂亮的女孩，成了男生心目中的女神。

看着旁边的同学拍红了手掌，我心里却像打翻了五味瓶。从知道被老师换下的那一天起，我就一直幻想，如果演出那天有哪个同学不舒服，或者有意外情况，也许我还是可以上场的，可是，没有，一直都没有……

13 岁的我委屈、失落，甚至觉得羞耻，可这些感受我从来没有对父母和同学说过。

我怕大家笑话我，说我肯定是跳得不好才被换掉，笑我对这件小事斤斤计较，指责我没有集体荣誉感，同学都拿一等奖了你有什么不高兴的。

如果有人告诉我：我理解你的感受，你努力了那么久却没有机会上台演出，从意外入选到努力排练，一次意外让你充满期待，最终却又希望落空，你一定很难过、很沮丧、很受伤。

可我从未表达过。说出这些"不好的"感受，对那个时候的我来说，太难了。

隔了 20 年，很想隔空抱一抱那个蜷缩在角落里，只能默默舔舐伤口的自己，给她一个肩膀，让她可以倚靠着痛哭一场，告诉她，我明白你的感受，一切都会过去的。

如果当时旁边有这样一个人陪着我，理解我的感受，或许这件事，就像中学时发生的很多事一样，成为过去，而不会这么多年后，还一直在我脑海里挥之不去。

……

"亲爱的孩子，我理解你的感受，你输了，而且只差了那么一丁点，一定很难接受，如果你想哭就哭吧，妈妈在这里陪着你。"

报兴趣班，当然以孩子的兴趣为导向

孩子任何一种健康无害的兴趣，如果能够得到适当的尊重和引导，都可能创造出令人惊喜的价值。

上周末小拍新入手了一套玩具，想请小朋友来家里一起玩，我帮她给几个关系好的小伙伴的家长发出邀请。虽然约在周末，但孩子们的时间却都不好约，不是在上兴趣班，就是在去上兴趣班的路上。不少孩子的行程被排得满满当当，上午弹琴，下午画画，傍晚还得学个跆拳道什么的。

我问其中一个孩子的妈妈："学这么多，孩子愿意吗？"孩子的妈妈说："当然是不愿意，但孩子懂什么呢？"

另一个妈妈说："别人家的孩子周末都在学各种班，自家的孩子要是不学以后怎么赶得上别人，多点兴趣爱好总是好的，孩子长大后就会明白了。"

"那你家小拍现在都在学什么？"一个孩子的妈妈顺势问我。我想了想答："这学期她在学女红和厨艺，上学期还学过泡泡泥。"

"啊？没有学什么正经的兴趣班吗？"那个妈妈的惊讶我已经预料到了，毕竟这些爱好和琴棋书画比起来，的确显得有些"不正经"。其实小拍在更小的时候也学过钢琴和围棋，但她现在更多的兴趣在手工和厨艺上。

上个月，她上完厨艺班，回家带了一盒热腾腾的包子。小拍一到家赶紧召集全家参观她做的包子，然后亲手喂我们一口口吃掉，连8个月大的宁宁都认真地舔了好几口。小拍当时露出的那种骄傲的表情让我们一辈子都难忘，第一次吃到小拍做的东西我也快流出泪来。

再说到女红，小拍主要做小女孩的发夹和串珠。小拍有一个首饰盒，里面都是她自己做手工的材料和作品。看到她把首饰盒收拾得整整齐齐，每个作品的配色都颇有讲究，让我这个不太会整理的妈妈都常常觉得自愧不如。上了一阵子女红课后，小拍的审美和动手能力的确有所提升，而且头饰、首饰都能自给自足了，她还会戴得特别珍惜。

所以呀，谁说兴趣班非要上"正经的"才好，孩子的兴趣难道真的只有那几样吗？

捏泥巴，也是高雅艺术？

说到兴趣班，我在生小拍前，看《武林外传》里有一集，故事里的小贝钟爱捏泥巴，当时看完印象特别深刻。

小贝的嫂子佟掌柜和天下的家长一样，从小就想给孩子最好的教育，希望孩子成才。听到邱家孩子赢了围棋国手，张家孩子拿了吹箫冠军，李家孩子得了书画大奖，她立刻危机感重重。于是让小贝学下棋、学吹箫、学画画，绝不能让自家孩子输在起跑线上。但小贝这几项都没什么天赋，怎么学也入不了门，天天被逼着练，学得苦不堪言。

有一天，重金请来的画画先生偶然看见小贝捏的泥人，觉得非常不错。于是，带着小贝捏了一整个下午的泥人，小贝捏得专心又开心，一点儿也不像学别的课那样排斥。

当他们把辛苦创作出的泥人作品展示给佟掌柜时，她又懵又生气，"我花这么多钱，就是让你带着孩子玩泥巴？"

先生问她，你为什么要让小贝学画画？她答，为了不让孩子输在起跑线上。先生又问，那孩子的目的地又在哪里？既然不知道目的地，设置起跑线又有什么意义呢？

先生又说，让孩子学兴趣，先要搞清楚为什么让她学。如果是为了陶冶孩子的情操，培养艺术感觉，那画画是艺术，捏泥人怎么就不能算是艺术呢？一样是创作出美的作品啊。

佟掌柜听了这一番话，开始欣赏小贝的泥人作品，还给她开了一个泥人艺术展。

这集的最后先生说了一段话，大意是："不要对孩子的看似不务正业的玩乐严防死堵，孩子正是在其中发展自己的想象力和创造力。我们要看到每个孩子的不同天赋，并且尊重孩子。你给孩子一个机会，孩子才能给你一个惊喜。"

爱捡叶子未来会当个植物学家吗

记得有一次我们去拍爸的同事家做客，进门看到他们家的阳台，我们都忍不住发出"哇"的惊叹。这个高层楼房的阳台竟然像个小森林一样。

阳台护栏上爬满爬藤植物，地上整齐地围着一圈大大小小的盆栽，墙上还挂了不少种着植物的盆盆罐罐。走进去一片清凉绿意，各种红花绿叶，我们都看花了眼。

拍爸的同事带着儿子颇为得意地走过来，让儿子给我们介绍阳台上的那些植物。8岁多的小男孩俨然一本植物百科全书，不但知道这些植物的学名，还知道它们大概什么时间开花，开出的花是什么样子的，会不会结果，等等。

小家伙介绍得神采奕奕，我们听了也觉得长了好多知识。我开玩笑跟拍爸的同事说，你们家将来可能要出个著名的植物学家咯！

拍爸的同事笑着讲，他发现儿子从小就对植物特别感兴趣，每次带他出去玩的时候，就爱蹲在地上看花花草草，"这是什么""那是什么"地问个不停……回家的时候非得捡上几片叶子才罢休。

后来想想既然儿子喜欢植物，就干脆让他好好发展这个兴趣爱好。

拍爸的同事给他的儿子买了好多关于植物的书籍，业余时间带着儿子在阳台种植物，所以小家伙这方面的知识比一般大人都丰富。最近还打算给孩子买个显微镜，让他深入研究植物的根和茎。

听完后，我觉得即使孩子以后成不了植物学家，也一定能从中获得很多有趣的知识，还潜移默化中习得了专注力和耐心。最重要的是，整个过程他都充满了享受和快乐。

要是他爸妈没发现他对植物的兴趣，或者对这种兴趣不屑一顾，从小跟风送他去学钢琴或者画画，效果会怎么样呢？也许孩子能弹出几首曲子、画出几幅画来，却可能错失掉他对植物的天赋和喜爱。**很多时候，孩子学到什么我们很容易看到，但他们失去了什么却往往被家长忽略，而忽略的这部分可能是他们最热爱的。**在兴趣培养方面，尤其如此。

孩子对什么感兴趣

那么，我该送孩子去上什么兴趣班？

通常家长会从别的孩子在学什么，哪个老师好，甚至是自己小时候想学但没学成的兴趣方面去考虑，却很少观察自己的孩子到底对什么感兴趣。每个孩子都有自己的天赋，如果孩子从小听到音乐就很亢奋，喜欢跟着晃动，还总是能跟对节奏，那么培养一下他对音乐方面的兴趣可能就没错。如果孩子拿起画笔就可以开心地涂涂画画一两个小时不肯停，而且颜色配得很好看，那可以试试找个好老师让孩子学学绘画。

如果孩子对什么都不感兴趣呢？就喜欢吃，怎么办？

你知道吗，有个叫 Flynn 的小男孩，特别爱吃，又嫌妈妈做饭不好吃，于是 10 岁的时候，妈妈就送他上了儿童厨艺兴趣班，让他学习做饭。如今他 16 岁，成了美国炙手可热的大厨。

日本的近藤麻理惠，从小就比别的孩子爱干净、爱整洁，喜欢整理各种东西，妈妈就教她各种整理方法。现在她是世界著名的整理大师，甚至入选了《时代》杂志"世界最具影响力 100 人"名单。

兴趣并不只限于琴棋书画，更没有"高级"和"低级"之分。**孩子任何一种健康无害的兴趣，如果能够得到适当的尊重和引导，都可能创造出令人惊喜的价值。**

想想看，我们让孩子上兴趣班的目的是什么？抛开偶有的虚荣和功利，我们内心一定是希望孩子能从中发现更多的乐趣，让他们未来的人生更加丰富多彩。很幸运，我们的孩子已经生活在一个越来越多元化且包容的年代。

在上兴趣班这件事上，我们是不是也该与时俱进一些，不必拘泥于传统的"特长"和"兴趣"，而真正从孩子所喜爱的入手。

其实兴趣班也多种多样了，有教孩子做手工、捏泥巴的班，以后爱虫子的孩子或许还能找到昆虫研究兴趣班，这些都和送孩子去学琴棋书画没什么两样。不把自己的意志强加给孩子，努力去守护孩子能够得到的当下的快乐和幸福，不焦虑，不盲从，不攀比。这意味着，我们不仅给了孩子一个更快乐的童年，也将会给孩子一个更多可能性、更广阔的未来。

孩子看电视、玩游戏停不下来怎么办

爱的陪伴才是帮助我们始终和孩子保持亲密关系的"解药"，多一些陪伴，孩子就会少看电视、少玩游戏一些。

去年夏天，我们全家在美国的时候，小拍上午去夏令营，午睡起来就会打开电视，看一档火遍大中国的综艺节目《奔跑吧》。

我在房间里喂奶，听着她在客厅里不时发出哈哈大笑，心里却有些焦虑，她又看一个多小时了，怎么还不自觉关掉？！

因为这个，我们俩闹了几次别扭。

玩乐要约定时间

后来我想着，反正回国后家里也没电视，她就不会再看了。可没想到，回来后她在电脑上自己搜索着看，我试着跟她约定，每次只能看半小时，但她几乎都做不到。过了一段时间，我瞥见她又开始看一个新的节目，叫《王牌对王牌》。

我偶尔过去瞄了两眼，感觉跟《奔跑吧》差不多，也是很轻松搞笑的娱乐节目。

小孩的时间很宝贵，每次她看这些节目，我都在想，看多了眼睛会不会近视啊，老看这些嘻嘻哈哈的，以后还能静下心来好好学习吗……

这些念头在我脑海里挥之不去，幻化成焦虑拉紧我的神经。 结果发生了更离谱的事情——晚上 8 点钟的在线英语课，她在课前还偷空看！有一次竟然看得忘了上课时间，直到老师打我电话，说她还没进教室，我跑进房间一看，才发现她还在看《王牌对王牌》。要不是她接着要上英语课，我肯定会忍不住发飙，批评、讲道理轮番上了。

和好友微姐见面聊天，她的孩子比小拍大，她说起这个话题，也像遇见了知音，"是啊是啊，我女儿竟然还会生气地反击说，妈妈，你是不是见不得我开心，只有我做作业看书，你才高兴，干别的，就没见你有好脸色。"

我也无奈地说："唉，之前还给你推荐《无条件养育》，其实无条件的爱真的很难做到！"

"是啊，有时候孩子做作业忘了时间，我就会轻声细语过去提醒，还会主动端水果给她，可她要是看电视或者玩游戏没来吃饭，叫几遍我就忍不住大声吼她，吼完了自己又后悔。"

不得不坦率地承认，在我看来，看那些综艺节目是无聊的，而埋头学习、阅读才是有意义的。

陪孩子一起玩游戏、看电视

我忍不住在大学的微信群里发牢骚，许久没露面的芬芬冒出来说："我跟我女儿也一起看过《奔跑吧》，我倒觉得没什么，节目内容还挺积极向上的呢，我还会跟孩子讨论节目里那些明星，邓超、鹿晗他们之间是如何相处的。"芬芬聊到兴头上还说："你们知道吗？我以前还觉得鹿晗不就一流量小生吗，但是看到他在节目里的表现，他特别会顾及别人的感受，智商和情商都很高，我这中年少女还有点喜欢他呢。"

啊？！看着手机上她发的一连串害羞表情，我简直难以置信，原来小鲜肉就是这样圈粉的啊。

而我也突然醒悟过来，我自己没看过这节目，为什么就凭主观断言，觉得这样的节目没营养，这是不是我的偏见？孩子会被这样的节目吸引，里面一定有她需要的东西，为什么不坐下来和孩子一起看一期，和她讨论一下节目内容，再看看怎么做呢？

发展心理学博士陈忻曾经提到：**当孩子看视频节目时，父母最好和孩子一起看，把节目变成父母和孩子互动的中介。**

家长和孩子一起了解视频节目里的内容，引导孩子把这些视频节目里的闪光点，运用到生活中，也不失为一个好办法。

比如这些明星的风趣和幽默、节目游戏的巧妙和创意，还有像我大学同学芬芬说的鹿晗高情商，也许都是孩子可以学习的东西。

孩子从出生开始，伸出双手接受世界给他准备的种种，这其中一定有电视、手机、iPad，这是他无法逃避的。即便孩子选择的节目真的没营养，也不能直接要求孩子"能不能别看了，再看就如何如何"，而是家长自己去看一看，和孩子聊一聊，理解孩子的需求，然后找一些双方都能接受的节目来看。

如果觉得《奔跑吧》太闹，那《梦想的声音》怎么样，选秀类的不够有文化，那《国家宝藏》总可以吧？

重点是爱的陪伴

这样想了之后，忽然有种拨云见日的感觉。以前曾有妈妈问我，孩子只爱看漫画书，给他买了很多名著读物都不看，到底该怎么办？我给他们出主意："漫画书也有经典的，比如《丁丁历险记》《父与子》《绝对小孩》，看看也无妨，如果你介绍的漫画他觉得很好看，下次你再给他介绍其他类书籍时，他也许就愿意接受了。"

这不是同一个道理吗？怎么我面对别人的问题时，就能冷静处理，自己碰到问题就着急糊涂了呢。

想起朋友小一跟我说过一件事。

她姐姐的女儿跟小拍一般大，有段时间很爱玩 iPad，特别着迷一个游戏，叫《我的世界》，每天放学回家就一个人躲在角落里打游戏，叫吃饭也听不见。

她姐姐觉得不能这样下去，她也想了解一下这是个什么游戏，于是有空的时候她自己也下载来玩，但是很快她就打不过女儿了。不过她玩的时候发现，游戏里藏着很多建筑学方面的知识，就上网去买了一本关于建筑的书也叫《我的世界》。看书的时候才明白其实这是沙盘游戏中的一种，而沙盘游戏对孩子的心理成长、身心和谐还有创造力，都有很大的帮助。

她姐姐的女儿小时候经常玩那些女孩子换装之类的游戏，后来玩《我的世界》到高阶之后，就对以前这些小游戏不感兴趣了。快到圣诞节时，她姐姐还问女儿：圣诞节，你要不要建一个圣诞广场啊。然后她就建了一个漂亮的圣诞广场，两个人还时不时切磋一下。打游戏，既没有影响亲子关系，学习也没耽误。

在她们母女俩心里，**游戏只是她们生活的一部分，也是她们共同话题的联结。**

我反思自己，坐月子那段时间，就是因为我没有时间陪伴孩子，也没有给她提供其他可以消磨时间的方式，而电视就在旁边触手可及，一打开就能看到让人哈哈大笑的节目。孩子会被吸引，实在是再正常不过的事。

我也意识到，父母稍微一松懈，就会在电子产品面前败下阵来。但**爱的陪伴才是帮助我们始终和孩子保持亲密关系的"解药"**。陪孩子玩耍、陪孩子阅读、陪孩子桌游、陪孩子画画、陪孩子运动，甚至陪孩子看电视、陪孩子玩手机游戏……这些都能够把他们越垂越低的头颅抬起来，让他们觉得，这个世界的精彩不仅仅在小小的屏幕里。

在日常养育中建立孩子的韵律

　　孩子对熟悉的、可控的事情会产生安全感，一个内心有安全感的孩子，才会有勇气不断向外界探索。

　　我在小拍2岁多的时候就听说过华德福教育，可惜一直没有机会深入接触。宁宁明年也要上幼儿园了，刚好听邻居说附近开了一家华德福学校，于是我带着宁宁去上了亲子课。

　　正好赶上学校开办"0—3岁宝宝如何滋养"的课程，想着家里有两个小宝宝，而且我也对深入了解华德福教育充满兴趣，就果断报了名。

　　我虽然上了一周的课程，这几周也抽时间翻看了几本华德福方面的书，但依然是个门外汉，在这里只能跟大家分享我在课堂上的一些收获。

　　印象最深刻的是来自加拿大的 Karen 老师，她60岁出头，研究华德福教育已经30年，上课思维敏捷，生动有趣。

　　我特别注意到，每次当她提到 rhythm 这个词时，都会说"rhythm，rhythm，rhythm"，一旁的翻译也紧跟着说"韵律，韵律，韵律，重要的事说三遍"。

固定韵律能带给孩子安全感

大自然有四季更替、日夜循环，这种良好的韵律让我们能够春耕、夏耘、秋收、冬藏，人类也是大自然的一分子，生活也应该有节奏和韵律。

对孩子来说，韵律包含了时间和空间，比如每天在固定的时间坐在餐椅上吃饭，吃完饭后看书、游戏，洗澡后上床，爸爸妈妈讲故事，然后睡觉。

这是一天内的韵律，我们可以让每周、每月、每年的安排也有韵律。比如每周六的早餐是吃鸡蛋饼，周日早餐吃燕麦粥，吃完后全家一起去郊外，在林间嬉戏，在草地上疯跑。

相对固定的韵律能给孩子带来哪些好处呢？首先是让孩子有安全感。安全感的前提是熟悉，而每天有韵律的生活，孩子会知道接下来要做些什么。

吃完饭就是玩耍时间，洗完澡接下来就该讲故事了，音乐响起来就该收玩具……每件事孩子都心里有数，都是熟悉的、可控的，孩子的内心就会充满安全感。**一个内心有安全感的孩子，才会有勇气不断向外界探索。**

我们大人的焦虑，很多时候也来自生活的变数，对未来的不确定。有韵律的生活让孩子内心安定，身体健康，我们就会发现，这样的孩子很"好带"。

每天在固定时间吃饭，养成习惯后，餐前我们的胃部就会分泌出消化液；每天定时睡觉，当我们进入睡眠程序，先洗澡，然后上床讲故事的时候，睡意就慢慢袭来。再比如每天下午睡觉起来后去楼下散步、玩耍，到固定时间就要回家吃晚饭，一个每天在这个节奏里生活的孩子，到时间了就要回家，他会主动配合，而很少出现赖着不走的情形。

韵律被打破了

仔细想想，通常我们跟孩子发生冲突，或者孩子的身体出现问题，是不是都发生在打破日常韵律的时候呢？

我印象很深刻，小拍小的时候身体一直很好，唯一一次打吊针是因为我们开车去三亚自驾游。路上时间太长，吃饭很不规律，一路上吃各种零食、水果，没好好吃正餐。到了三亚小拍就开始呕吐得厉害，从晚上 7 点到 12 点吐了七八次。怕她脱水，我们半夜带她去了附近的医院输液。现在想想，这真是一次惨痛的教训。

还有上次，好友小汤 6 岁的孩子突然频发状况，在学校上课神游、下课打架、回到家脾气暴躁，害得她连续被三个老师约谈。后来和孩子深入沟通才知道，原来之前一直是妈妈接她放学，都会在外面疯玩个把小时才回家。这周她因为工作忙，让邻居帮忙接送，孩子放学直接回家，活动时间大大减少，对于一个常年精力充沛的孩子来说，实在很难适应。

突然打破孩子的生活节奏，会让孩子的身体和心灵都陷入紊乱。当然，生活不可能一成不变，如果不得不打破，我们最好要进行相应的调整。比如过年带宝宝回老家，可能饮食会有很大变化，那么我们就尽可能让他还在平常的时间上床、讲故事、睡觉，如果作息完全陷入混乱，孩子就很难一下子适应过来。

建立韵律

那到底要如何建立孩子的韵律？对于小宝宝来说，日常生活中最重要的就是吃和睡，最理想的节奏是就是睡觉—睡醒后喝奶—玩耍时间—

玩累了就睡觉，然后又进入"睡—吃—玩"的下一个循环。这也是《实用程序育儿法》里著名的 E.A.S.Y. 模式。等到孩子大一点儿了，生活内容丰富起来，我们就要开始考虑各个方面的韵律了。

我从自身的经历总结出了孩子的三大韵律。

◆ 时间韵律

尽量做到每天要发生的事情都在固定的时间进行。比如起床、吃饭、刷牙、睡觉、游戏等。

带宁宁上亲子课的时候我就发现，每次自由活动的时间快结束，老师唱起晨圈歌的时候，孩子们就会跟着老师把玩具收起来，每次收玩具也按照一定的顺序。首先把大件的玩具架放回原处，然后是推车、木板，再然后是一些要放回篮子里的和架子上的小玩具，比如娃娃、积木等。刚开始宁宁也做不到，但是每次她看到老师和同伴们都在做，渐渐地，她也跟随大家的节奏一起，会在固定的时间按照一定的顺序收拾玩具。

有妈妈可能会问，那规定了时间，可孩子不配合怎么办？比如想让孩子晚上 9 点钟睡觉，可孩子就是不睡。那就去观察一下，孩子不配合的具体原因是什么。是大人安排的时间不合理，还是孩子有需求没有被满足；是经常发生的，还是偶尔发生的……再根据实际情况去解决问题。如果放任孩子的不配合，不积极想办法，随意打乱时间韵律，反而更容易让孩子问题百出。

◆ 空间韵律

让孩子习惯在固定的地方做固定的事情。

比如宁宁开始吃辅食以后，我就让她坐在餐椅上吃。等到她 1 岁半左右，开始会有不想坐在餐椅上吃饭要下地玩的情况，但我依然坚持吃饭只能坐在餐椅上的原则。

刚开始的确很麻烦，她执意要下去玩，不肯再吃饭。我就抱着她下来，陪她玩一会儿。有时候，她真的玩得不想吃饭，那这顿饭就不吃了。有时候，玩了一会儿，我就会拿勺子试探性地放在她嘴边，她张嘴要吃，我就把她抱回餐椅，继续喂她。久而久之，她终于明白吃饭只能坐在餐椅上，她自己也就建立起了吃饭的空间韵律。

当然，从宏观一点的角度来讲，不经常搬家、不经常改变家庭的摆设，同样也是在建立孩子的空间韵律。

◆ 交际韵律

这里的"交际"，指的是孩子接触的人。无论是固定的抚养人，还是相对固定的玩伴，都更容易让孩子获得安全感。尤其是有些孩子，人际交往能力发展不是特别好的话，固定的玩伴也能让他保持良好的状态。说到底，其实都需要我们给孩子提供一个稳定的生活环境。

有研究表明，孩子刚出生的这几年，节奏稳定的生活环境，会让孩子内心安定，成年后也能更专注和坚持在某一件事情上。我们常常看到身边有一些人，大学毕业后每份工作都只干几个月，从来不能在一件事情上持续地投入热情，这很可能跟他在生命早期生活的节奏不稳有关。

现代生活瞬息万变，新鲜事物层出不穷，特别是家里又多个孩子，要保持有韵律和节奏的生活并非易事。当然，我们也不用太过照本宣科，我们可以有计划、有节奏，但不必成为节奏的奴隶。**毕竟例外并不会打破韵律，持续的变化才会打乱韵律。**

当你知道韵律对孩子的重要性，你就会愿意去尝试做出一些改变。即使做不到完美，我们也可以从一件生活小事做起，在每天生活中带入一些小小的节奏，比如每天晚餐前，和孩子一起铺好桌布、摆好碗筷，然后全家一起就餐，都会对孩子有帮助。

　　当然，最大的前提是，大人自己的生活也要相对有韵律。春有百花秋有月，夏有凉风冬有雪，有意识地把韵律带入孩子的生活，同时，自己也努力做好榜样，带着光思考，带着善说话，带着爱行动，带孩子这件事就会越来越从容！

"不讲道理"的孩子错在哪里

孩子比我们容易犯错误，但也比我们更勇敢地去承认错误。和成人的理性不同，孩子是彻头彻尾的情感动物，他们的每一个反馈都来自当下。

小拍的学校就在小区门口，二年级开始，她每天自己上下学，我们约好，每周五下午放学我去接她。上周五我刚走到学校门口，看到她和两个小女孩在学校食堂门口打闹。

看我来了，她贴过来仰头问我："妈妈，我新买的过家家玩具到了，我邀请了蓝蓝和可欣放学后一起去家里玩，可以吗？"

"可以啊，只要她们的妈妈同意，我没问题啊。"

"她们都已经给妈妈打过电话啦！"得到我的首肯，三个女孩像被特赦一样，话还没说完就跑了。

我们一路说说笑笑走到家，小拍第一个冲进门。

见宁宁一个人坐在小凳子上，手里拿着一小片苹果在吃，而坐一旁的阿姨手里拿着半个苹果正往嘴里送，小拍见了连忙叫起来，语气里带着埋怨："阿姨，你怎么就给宁宁这么点儿，你自己却在吃半个苹果？！"

阿姨抬起头连忙辩解："我这半个是刚才给小 Lisa 刮苹果泥剩下的，

宁宁这不是还有吗？"

见我们好几个人一起进来，又被小拍误解，阿姨也急了，红着脸，话里带着点情绪。

小拍本来就不高兴，被阿姨这样一激，也更有情绪了，开始口不择言："哼，那你干吗整天都在我们家吃……"

阿姨脸上挂不住了："我在你们家工作，当然在你们家吃，你爸爸妈妈还没说我呢，家里这么多苹果，再不吃都坏了，真是的……"

刚进家门的我一看形势不妙，赶紧对小拍和她两个同学说："哎，你们不是说要玩那个过家家嘛，快去房间玩吧。"

三个孩子又像风一样地跑进卧室，我把她们的书包拿进去，等我出来的时候，阿姨和小 Lisa 也不在客厅了。

我敲敲门走进阿姨的房间，边把小 Lisa 接过来喂奶边说："小孩子说话不懂事，你别介意。"阿姨沉默着，显然她心里还没释怀。喂了奶回到房间，我心里盘算着，该如何处理这件事。

站在小拍的角度，我理解她一回家看到眼前的场景，有点替妹妹抱不平的意思。可能会有人觉得，孩子这样说话太没教养了，**但我不想这样给孩子贴标签，孩子情急之下口不择言是难免的，**事情发生了，我们要做的是如何处理以及避免以后再发生这样的事。

晚上 7 点多，门铃响了，蓝蓝的家人来接她回家，顺路把可欣也接回去了。

我回到小拍房间，可能是跟同学玩得挺开心，她心情还不错，看她也已经把玩具收得差不多了，我表扬她："今天很棒哦，玩完了把房间收拾得这么整齐。"

她笑着靠过来，我拨弄着她的头发，漫不经心地说道："对了，今天放学回家，你跟阿姨那样说话，她好像有点不开心。"

"嗯。"她点点头。

"妈妈知道你不是有意那样说阿姨，不过阿姨一个人在我们家工作，很辛苦的，她的家人、孩子都不在身边，如果是你一个人住在别人家，别人这样说你，你也会伤心，是吧？"

我认真地看着小拍清澈的眼睛，努力捕捉她内心的活动。

她好像想起了什么，抿了抿嘴说："是的，去年姑姑一个人住在我们家，我们也吵过架。那时我还给她写了一封道歉信。"说到这里，她忽然从我身上起来，好像发现新大陆一样兴奋，"妈妈，我也给阿姨写封信道歉吧。"

我有点意外，但还是笑着说："好啊，好啊。"她飞快地找来纸和笔，开始写起来。写完了递给我看，还没看完她又抢了过去，"我还要再加两个对不起。"

"为什么啊？"

"因为重要的事要说三遍啊！"我被她逗笑了。

"妈妈，我等一会儿把这张纸条从阿姨门缝下面塞进去。"

"好啊，阿姨会看到的。"

说完，她就回房间做作业了，我在客厅陪宁宁玩积木，没多久阿姨从房间里出来了，看到她脸上的笑容，我知道，问题解决了。

晚上拍爸回来，我跟他讨论了这件事，这家伙平时总挤对我，这次也夸我解决得还不错。其实，仔细回想起来，在这件事情的处理上，我的做法没有任何高明的地方，只是机缘凑巧，让我避开了平时可能会犯的几个错误而已。

很多时候孩子说了过分的话，我们第一反应就是急着去批评他，孩子一被批评，情绪马上陷入对立，接下来就会演变成更激烈的争吵，双方都急着证明自己是对的，情况越来越糟。当小拍说出那句伤人的话时，我那句"不可以"也几乎到了嘴边。但眼看她的两个好朋友都在旁边，我意识到，这个时候出口批评她，会让她在同学面前丢面子。而小孩和大人一样，也很爱面子，我赶紧转移话题，提醒她们今天是来玩新玩具的。

把冲突的双方隔离开，我就有了足够的时间来考虑怎么办；有了冷静的时间，我自己也不会被卷入她们的情绪，而能保持相对客观的立场。

我希望孩子认识到，她说的话有点儿过分，让阿姨感觉很不舒服，但在此之前，我必须找到一个好的谈话时机。同学走后看她玩得尽兴，我表扬她收拾了房间，看她满脸的笑意，我知道时机到了。P.E.T. 课程中提到，我只要说出事实和感受，而不要用对错来评判孩子。事实是"今天放学回家，你跟阿姨那样说话，她好像有点不开心"。

而后面我说，如果她自己一个人住在别人家，被这样说心里也会不舒服。孩子有很强的同理心，当我这样说时，她已经能感同身受。

其实，在和小拍谈这件事之前，我心里也没有把握她是否听得进去我的想法。我甚至也没有预设，她是否愿意跟阿姨道歉、用什么方式道歉，但是当我真诚地和孩子表达我的想法时，孩子自己就提出了解决方法，并且马上行动。不得不说，孩子解决起问题来，一点也不含糊。

孩子比我们容易犯错误，但也比我们更勇敢地去承认错误。和成人的理性不同，孩子是彻头彻尾的情感动物，他们的每一个反馈都来自当下。当你出言批评、责骂，孩子的反应会比你更激烈，而当你给予他理解、尊重和十分的爱，他也会回报给你百分的欣慰。这件事说小也小，但如果处理不好，就可能变成影响我们家庭关系的一件大事。住家阿姨就是我们家庭的一分子，如果心里有疙瘩，大家相处也不愉快。

　　李雪曾说："最不讲道理"的孩子往往有一颗最讲道理的心。说得一点儿也没错。

孩子上课老开小差怎么办

注意力有缺陷的孩子和注意力正常的孩子，在刺激驱动注意方面，水平相差不大，看电视、玩游戏都很容易专注，主要差别就在受控注意。孩子上课容易分心，其实就属于受控注意的范畴，它与大脑的抑制功能有关。

一个在教育一线工作多年的老师发朋友圈说，孩子上课认不认真，看孩子的橡皮就知道。准确率有 99%！

老师还把橡皮图片一一附上，做了详细解读。

1. 不开小差，认真听讲，好好写字。

橡皮形状规整，表面平滑，没有任何被掰断、抠挖、涂抹的痕迹，一看就是孩子在细心呵护使用。

2. 偶尔无聊，开开小差。

外形看上去还算"漂亮"的橡皮，说明平时上课偶尔开小差搓橡皮玩，把边缘搓得圆圆润润以后，再心满意足地继续听课。

3. 经常走神，容易分心。

橡皮的主人很喜欢拿橡皮开小差，手里握着橡皮就忍不住开始"蹂蹦"，好好一块橡皮被掰成好几份，上课质量也大打折扣。

4. 整节课都没有好好听

孩子整节课也没做别的事，光是在玩橡皮：先用笔把橡皮点成"麻子脸"，搓几下、抠几下，用力过度不小心掰断，全班最惨的橡皮就是它了……

5. ？？？

橡皮直接玩得不知道丢哪儿了……

所有看到过这条消息的家长，大概都会心急火燎地想要找孩子的橡皮来看看。我也很好奇小拍的橡皮是什么样子的，难为我这个不陪做作业的老母亲，从来没注意过她的橡皮。下午等她放学回来，我看了看她的橡皮，嗯，就是一块朴实无华的橡皮嘛，没有戳洞洞，没有分尸，当然也算不上精心呵护。

从一块橡皮来看孩子是不是专心听课，我想这应该只是参考指标之一，不是绝对的。毕竟上课分心，不玩橡皮还可以玩别的呀。再看看笔头有没有咬坏，课本有没有涂鸦，铅笔盒有没有到处乱画，拿来一起参考，准确率才会更高。可要是真发现孩子上课老是开小差又能怎么办呢？除了让老师多关照一下，还有没有别的办法？

恰好最近我和一个教育学科班出身的好友小云认认真真地探讨了一下这个问题，感觉收获很大。

有一天小云跟我说，她儿子刚上一年级，老师就说她儿子专注力不太好，上课会走神，有一次竟然好端端地突然站起来了，老师叫了他一声，他才反应过来，赶紧脸红地坐下。

小云边说还边笑，这孩子咋这么可爱。

我调侃她，你果然不是一般家长啊，一般家长听见老师说孩子专注力不好，可得急死了。

小云回答我说，你懂的，孩子的专注力，不是老师说得那么简单，我心里还是有数的。

她跟我说，**其实人的注意力分刺激驱动注意和受控注意。刺激驱动注意主要指的是新鲜事物的不断刺激，像看电视、玩游戏这类；受控注意，是自己调控想要把注意力放在哪里。**

有实验证明，注意力有缺陷的孩子和注意力正常的孩子，在刺激驱动注意方面，水平相差不大，看电视、玩游戏都很容易专注，主要差别就在受控注意。孩子上课容易分心，其实就属于受控注意的范畴，它与大脑的抑制功能有关。这个功能要求大脑排除不相关的干扰，自如地调控注意力，让人在合适的场合做合适的事情。但是抑制功能，是随着孩子年龄的增长、大脑的前额叶持续发育，变得越来越强的。

大脑前额叶要二十几岁才能成熟，要求刚上小学的孩子上课从来不分心，几乎不可能。

真不愧是科班出身啊，短短几句话，和我看过的《伯克毕生发展心理学》洋洋洒洒几十页内容，基本都是一致的。

我也是来来回回看过几遍以后，才对专注力有一点粗浅的认识，了解到以前我们对专注力有许多片面的认识，以为注意力集中在一件事物的时间越久，就是专注力好的表现。

和小云的这番交流，让我的新理解得到了确认。实际上，0—6岁的孩子，肯定比 6 岁以上的孩子更容易分心，而六七岁的孩子，肯定比十二三岁的孩子更容易分心。

这些都是大脑前额叶发育的必经过程，不能因为分心，就轻易判定孩子专注力的好与坏。

在同龄孩子里相比，抑制功能的发展，的确也存在个体差异，和先天因素、家庭环境、父母的养育方式等都有关系。

小云利用自己的专业知识，确定自己儿子的专注力，当然是没什么太大问题。但是上课分心影响上课质量，这怎么解决呢？

◆ 小提醒

小云说，她和孩子一起准备了几张小贴纸，上面有一个老师拿着喇叭在喊话。

她让孩子上课的时候，贴在手背上、文具盒上、课桌上，一切可以随时注意到的地方，一旦脑海里开始坐飞机了，可以在最短的时间里提醒自己，把注意力重新调整回老师身上。

这让我想起以前小拍的老师，提醒我们买款式简单朴素的文具，能尽量减少孩子分心的概率；要求孩子，除了课本和笔，把所有杂物都放进抽屉，没有太多的文具做小动作；和孩子一起约定，一旦她看见有孩子走神了，她就会拍一下手掌说"好，下面听我说"，只要听见这一句，走神的孩子都会回神，也不用老师特别去点名了。

这样的小技巧，对这个年龄段的孩子来说，都是雪中送炭式的贴心支持啊。

◆ 穿插运动

小云还叮嘱儿子，课间休息一定要去好好放松一下，和同学去走廊跳几下都是极好的，运动一下对下一堂课的集中注意力非常有帮助。

到做作业的时候，儿子书桌上不摆其他杂物，她也不看电视、玩手机，尽量减少对孩子的诱惑；还把时间分段，让孩子每隔半小时起来活动活动，不必一坐下就从头坐到尾。

◆ 设计游戏

她还特别和我分享，平常在家可以和孩子玩一些专门锻炼抑制功能的游戏。

比如"我说你做"。事先约定好，双手有三个动作，直起在头顶叫"上"，伸直在两侧叫"中"，垂下放在大腿两边叫"下"。

妈妈喊"上"，孩子要做出"中"或者"下"的动作，避免"上"的干扰；妈妈喊"中"，孩子要做出"上"和"下"的动作，避免"中"的干扰……以此类推。

熟练以后，说的速度和做的动作都要越来越快，孩子也会觉得越来越有意思。

这是大脑在抑制听觉信息的干扰，做出自己要做的动作。我们也可以设计抑制视觉信息干扰的游戏，看见黑色，要说白色，等等。

还可以根据孩子的年龄设计一些假装游戏，我们小时候玩的"老狼老狼几点了""木头人"，都是带有锻炼抑制功能的游戏。

◆ 你听我说

在孩子小的时候，就可以和他一起养成互相倾听的好习惯。一个人说完，另一个人接着说。

蹲下来看着他的眼睛，和他平视，说出简短的指令，都对他集中注意力有帮助。

在家里还可以玩"话筒游戏"，一个人拿着一个"话筒"说完，另一个人想说必须得听完，拿到"话筒"才能说。

通过这些小训练，培养孩子能够集中注意听别人说话的好习惯，上学时的分心就会大幅降低。

看到这里，也许你会发现，注意力的培养、抑制功能的锻炼，不是临时抱佛脚、集中突击训练出来的。

它是伴随着孩子的生活点滴，穿插着自然的亲子陪伴，日积月累而来的。

集中训练的强度再高，也跨不过大脑前额叶发育的必经过程，所以需要我们家长在一年又一年的陪伴中，看见他每一年的进步与成长。

有时真要感叹，做父母是一项专业度要求很高的职业，如果什么也不懂，只用朴素的、原始的认识去看待孩子的发展，那不小心掉进坑里，还浑然不觉呢。

写字慢、写字丑，逼他练字有用吗

吃饭没法一口气吃成个大胖子，写字也是差不多的道理。心里有数，拆分成各种小目标，每天看得见孩子的一些小进步，孩子就会越来越自信，字可能就越写越好。

有天很晚了，突然看到微信群里有个妈妈生气了：

"怎么过生日我都给气忘了！这会儿两页作业搞了快两个小时，写一个字跟要命一样！小莉，你是过来人，我看小拍的字一直都写得很好看，她一年级的时候写个字也这么难吗？"

接着又一个闺密说："握手握手！我家孩子都二年级了，一样写个字又慢又丑，这个事是不是只能静待花开？但就是怕还没开我就把他打残了！小莉，你也传授点经验啊。"

其实几年前的事我还真记不清了，我翻出当时的备忘录和小随笔，发现小拍在写字这件事上虽然让我操心不算多，但我也是确实下过一点功夫的。于是决定写一篇"干货"记录一下，但这也只是我自己粗浅的认识和体验，如果写得不对，也欢迎大家来讨论。

为什么写字比登天还难？

孩子写字难就像发烧一样，只是个表征，想治好不能光吃退烧药，要先找到症结到底在哪里。

小拍上小学前我专门读过几本怎么适应小学的书，几乎每一本都专门讲了写字问题，其中印象很深的一句大概是："**刚入学的孩子写字难，不一定就是不配合、不认真，很可能是个技术问题，是能力还达不到。**"

抓稳细细的铅笔，照着画出笔画，写进规定的小格子里。写大了不行，小了也不行；下笔轻了不对，重了也不对。这一系列要求对刚接触写字的孩子来说，真比登天还难。

要做到这些，需要的是**良好的手眼协调能力。**

手部的小肌肉能不能抓稳笔控制力度，视觉辨识能力能不能看清楚格子的边界，有适当的空间感和距离感。

如果是能力本身没发育好，只是天天逼着练字，可能衣架敲折怎么打都没啥效果。

小拍上小学前的暑假特意报了个硬笔书法班。有意思的是，老师不单单让孩子描字帖，还特别强调一些写字的"周边练习"。

比如让娃拿剪刀沿着边线剪纸、用筷子夹黄豆，还有用彩笔涂比较复杂的填色本，等等。老师解释说，这些"周边练习"其实是在针对性地训练写字的能力。

握笔不稳、写字轻重掌握不了的孩子，多多剪纸和夹豆子就可以**锻炼手部肌肉的精细动作。**字写不到一块儿去，或者老是超出框框的，指定边界的涂色是**培养视觉辨识能力的好办法。**

长期地做这些周边练习，提高手眼协调能力，锻炼精细动作，字写得又快又好才有可能。我听完后觉得这些方法都好棒，之前紧盯着"写字"本身使的可能都是蛮劲，原来还有巧劲可以用呢。

是写字姿势不对？

能力问题解决了，还有一个大坑特别容易掉进去，就是姿势问题。

小拍写作业、练字什么的，我态度算是很佛系的，唯独对写字姿势上看得比较严格。

"头正、身直、臂开、足安"的八字口诀是上学第一天老师就千叮万嘱的，我还特意打印出来贴在书桌面前。

这个视频也反复和小拍不知道看了多少遍。

小拍起初几分钟觉得新鲜还能摆对姿势，但过不了一会儿，头就开始越来越低，直到彻底写趴下。趴下后不仅仅是字彻底写不动了，更触到了我一定不能把眼睛搞坏的底线。

当时自己大概像训练小燕子规矩的容嬷嬷附身："头！头又歪了！背挺起来！脚要放好！"

在固定的学习桌上写字

除了口头提醒，在选择工具上，我也掏空了脑细胞。一套调节到最符合孩子身形的学习桌椅、一盏高品质的护眼灯，我货比 N 家后一一置办上了。

现在回想起来，很庆幸没有把老师的叮嘱放一边，多花工夫在纠正写字姿势上还是很有必要的。

孩子虽然不能时时做到，但先将"对的姿势"牢牢刻印在脑子里，随着孩子控制自己身体的能力慢慢变强，他们保持对的可能性才会越大。

另外握笔姿势也对写字非常重要，要握对，难度还不小。

有一个小工具小拍用过，就是只要几块钱的握笔器，当时老师也推荐过，对刚学习拿笔的孩子来说特别实用。

其实就是一个小笔套，套上后孩子握笔会轻松不少，也能渐渐领悟到正确的握笔姿势。等写字熟练了、有信心了，可以再慢慢摘掉。

牢记循序渐进

如果以上技术都没什么问题，可孩子就是不好好写字，纯粹是态度问题怎么办？

孩子的态度出了问题，那家长的态度就更重要了。我一直不建议陪孩子写作业，除了小拍刚上一年级那会儿，之后，我几乎没陪她写过作业。

在那段短暂的陪写作业经历里，让我明白辅导作业这件事尤其需要家长带着同理心与孩子共情。比盯着孩子写什么更重要的是，仔细观察孩子在书写过程中的反应。

全程认真高效完成作业几乎不太可能，写着写着开始打哈欠、东张西望的时候，轻声一句"是不是手写酸了，有点累了？那我们先换成读文章的作业吧？"可能会比暴躁地怒吼"坐好！集中注意力！赶紧写！"要有效很多。

一开始对质量要求不要太高，"循序渐进"四个大字可以先烙进心头。

记得小拍最开始的作业是每天描十分钟字帖，量不要求，能写几个是几个。

当时小拍的语文老师特意交代家长，**最开始写字不要过度纠正，最忌反复让孩子擦写**，那样一来坏了孩子自信，二来以后写字太较真，考试根本写不完。

当然不较真也不是完全不管，可以帮孩子拆分目标。

比如这一周，先重点把字的结构写对，结构差不多后，再花一周关注怎么把字都写进框框里，然后再慢慢追求字的美观均衡。

吃饭都没法一口气吃成个大胖子，写字也是差不多的道理。心里有数拆分好目标，每天看得见孩子的些微进步，心态也就会越来越好。

啰唆下来，我的经验大概就这么多了，可能在不少妈妈看来只是些粗浅的体验，如果你有更好的建议，欢迎来我的公众号告诉我哦。

陪写作业陪到初中还放不了手

可以运用两个教育原则："从小开始"和"先紧后松"。家长陪写作业陪不了一辈子，在一开始就把好的习惯和方法教给孩子，等孩子将这些内化成自己的习惯，家长省心，孩子也获得了求学生涯中最好的礼物。

小拍开学已经一个多礼拜了，宁宁又有亲子课要上，我终于又可以有一点儿个人独处的时间了。

记得开学第一天，老师和家长开会，让我们分享孩子的暑假是怎么过的，有几个家长忍不住吐槽，暑假作业都没做完啊。

小拍的学校，以"佛系"著称，也会有做不完的暑假作业吗？有的，几乎都是爬山周记没写完。

周记嘛，数起来也就八九篇的样子，比那些跑到肯德基组团赶作业的孩子负担小太多了。可写周记也有周记的苦，因为实在是没法结伴一起抄。

网上看到有视频拍孩子，边写作业边哭喊："怎么办，怎么办啊，太多了……"有个妈妈竟然在一旁魔性地笑个不停。

我有点哭笑不得，心里默默寻思着，暑假作业可以靠最后几天来几场不要命的冲刺，但平常的作业如果也这样，每次都到临睡前才上演最后的疯狂，那哪个家长都得崩溃。

学会安排做作业的先后顺序

以前我对孩子的作业挺佛系的，因为小拍一直不太用我操心，但是和身边的家长交流得越多，我越察觉，作业问题没我当初想得那么简单。

表姐的儿子，去年上初一，家里整整一年都鸡飞狗跳。因为作业忽然一下比小学起码多了好几倍，好像写到天荒地老都写不完。

表姐一边抱怨学校布置的作业太多，一边指责儿子磨磨蹭蹭、注意力不集中，一点儿都不省心。

她从小学一年级开始陪写作业，已经陪了七年，上星期开学又开始了第八个年头，丝毫没看到可以撤离的曙光。

想起以前看台湾作者梁旅珠写的《我把女儿教进世界名校》这本书，里面曾经特别提到，**小学一、二年级，一定要把学习习惯养好，更要有意识地培养孩子的"时间管理"意识。**

那时看完没什么感觉，但现在突然醒悟，"时间管理"在孩子小的时候，作用可能还不明显，但上了高年级之后，作用就越发凸显出来了。

高年级学习任务陡增，作业超多，压力加大，不会时间管理，就像一头狮子困在了森林里，累得跑不动了都还找不到出口。

梁旅珠的孩子上小学一年级从第一次有作业开始，每天都在晚饭后，和孩子一起到房间把功课拿出来，引导他们决定做作业的先后顺序。

她和孩子一起约定，在精神比较好的时候，先完成最难的作业，一些轻松愉快的就放在后面。

刚上一年级的孩子，通常没有那么多的作业，无非就是写几个生字、做几道算术题、读一页课文，好像都挺容易的。

但对于孩子来讲，他一定有自己的难易标准，所以作业再少，**也要灌输一种时间安排的概念，先做什么，后做什么。**

从小养成了这种时间安排的习惯，才不会到了高年级面对书山题海的作业写得头疼。

让时间管理看得见

除了懂得安排时间，孩子也需要一些辅助工具。

曾有个妈妈提到"列清单"的方法：把晚上要写的各项作业和要做的事情，按先后顺序列在上面。

最妙的是，她会在每件事旁边画一个进度条，孩子如果完成了一部分，比如三分之一，他就可以把进度条的三分之一部分涂上颜色。

孩子能看到自己的进步，很有成就感，也能看到还有多少没有完成的任务，心里就没有那么焦虑。

刚上小学的孩子专注力不是那么好，我以前总是抱着比较宽容的态度，认为只要孩子能写完作业就可以了。但我发现有些孩子，一旦养成边写边玩的习惯，就是给自己的写作业生涯挖了一个巨大的坑，等到时间不够用时，家长往往只能靠吼才能起到比蚂蚁还小的作用。

梁旅珠就选择了坐在孩子身旁，陪他们念书、写作业，还尽量帮忙约束他们集中精力。

不过她只在一、二年级比较严格，也是为了以后高年级放手做准备，**"从小开始""先紧后松"是她的两大教育原则。**

我也慢慢发觉，如今上四年级的小拍也有了更强的独立意志，再想要纠正她的一些不良的生活习惯，比要她连吃十碗饭还难。"先松后紧"

是一条不归路啊。

学会分类整理作业

这个方法是我在朋友家里偷师来的，一直印象深刻，可惜小拍有自己的整理习惯了，我还没有用武之地。

那时我去一个朋友家，看见她孩子的书桌上整齐划一地摆着一溜儿的文件筐，每个文件筐上贴着科目的名字。

我当时惊呆了，调侃朋友："哇，有你这样的收纳狂妈妈也太可怕了，连孩子的书都要按科目放吗？"

她笑着说："不是书，是作业，每写完一样，就放在相应的文件筐里，收拾的时候，不会忘，也不会乱了。"

想想也是哦，这种简洁的收纳方式，可以提高孩子做作业的效率，也让他更有条理。

小学一年级的作业，因为少，我们容易对分类这件事掉以轻心。但如果一开始就教会孩子自我管理的方法，一定能省掉很多麻烦。

但对我这个能把电脑桌面排得密密麻麻都不会清理的迷糊妈来说，以后能不能帮孩子养成这个习惯，还得再说呀。

梁旅珠说：**培养小小孩的习惯，稍稍的严厉就很容易达到效果，只要能坚持到十岁左右，内化成孩子自发性的习惯，往后到十八岁，亲子都会处在一种逐渐放手、倒吃甘蔗的状态下，不但没有叛逆期的困扰，还会越来越轻松。**

后来她的孩子上了中学之后，她真的做到完全放手，连孩子的考卷都没怎么看过。

我们陪写作业陪不了一辈子，在一开始就把好的习惯和方法教给孩子，才是为他们的求学生涯送上我们所能给予的最好的礼物。

第四章

安全教育：没有比这更大的事儿

在安全教育面前，每个父母都要打起十二分的精神，做孩子最可靠的保护伞，教孩子分辨善恶，也要懂得保护自己。

孩子，你不要过分善良

如果一个正常的成年人需要帮助，他会找另一个成年人，而不是向孩子求助。遇上这样的人，请马上远离他。

从新学期起，我开始让二年级的小拍自己上下学。学校就在小区里，路程有五六分钟，上下学还有一起走的同学，能结伴。

虽然看上去风险不大，但她一出发我还是会立刻打开电话手表，监控她的位置，站在阳台上目送她往学校走去。

每每想起几年前发生的那起"孕妇帮老公猎艳杀人案"，就很担心路上有坏人利用孩子的善良，做出伤害她的事情。

但教孩子"防范陌生人"和"乐于助人"之间的尺度，不能过分善良，但又该心怀善意，我也一直在摸索要怎么把握。

前几天，英国险些发生一桩儿童绑架案，孩子因为记住了一句"安全法则"救了自己，也解答了我心里关于"度"的疑惑。

一个叫 Jodie Norton 的妈妈有四个孩子，那天家里只有她一个人在照顾。本来像以前一样，早上她要送 8 岁和 10 岁的儿子去上学。但在洗澡的时候，她突然觉得自己的肚子非常痛，实在没有办法了，她只能赶紧去医院就诊。四个孩子肯定不能单独留在家里，她就带上了孩子们一起到医院就诊。看病的时候，两个小的她交给了护士照顾。想到不能耽误两个大的去上学，医院离家里开车也就5分钟，她就联系了邻居大叔，请他来一趟医院，送孩子去学校。

于是，10岁的CJ和8岁的T-Dawg就乖乖地坐在诊室门口的长凳上等着。但万万没有想到的是，邻居那时候不在家，他赶过来的地方离医院有40分钟的车程。而就在这40分钟里，两个孩子差一点被绑架。

事后孩子说，妈妈进诊室后不久，没等来邻居大叔，却等来了三个打扮得很奇怪的大人。其中一个女人靠近兄弟俩说："小朋友，姐姐的男朋友因为害怕看病，现在躲在厕所里。你们能不能进去帮我劝劝他，告诉他医生会治好他的，不要担心了。"

10岁的CJ马上说："对不起，不可以。"三个大人看到这招对他们没效果，于是，又继续围着小一点的T-Dawg说："如果你们帮了姐姐，你们就救了他的命哦，帮我去叫一下他吧。"

T-Dawg也没有犹豫，一样说："对不起，不可以。"

就在他们三个人继续想办法"攻克"这两兄弟的时候，邻居大叔终于来了，把他们安全送到了学校。

回家后，妈妈Jodie听了孩子的描述，惊出一身汗，赶紧报了警。警察一查监控录像，那几个奇怪的大人竟然就是之前一起儿童绑架案的嫌疑人！

太险了！Jodie无比庆幸，两个儿子牢牢记住了妈妈一直教的那句安全法则——**"如果一个正常的成年人需要帮助，他会找另一个成年人，而不是向孩子寻求帮助。"**

两兄弟还冷静地跟妈妈分析道："医院有那么多大人，有医生、有护士，他们非要让我们俩去帮忙，肯定不是好的大人。"

这两个孩子的表现，让我想起了那部根据真实事件改编的电影《素媛》。

一个阳光活泼的小女孩，有着蜂蜜一样的笑容、水晶一般纯净的心，因为在上学路上去帮一个暴雨中没伞的大叔，而让自己一辈子都陷入噩梦。6 岁的她被那个"可怜"的大叔强暴，奄奄一息，下体血流不止，大肠与小肠部分坏死，落下终生残疾，从今以后都只能靠人工肛门生活，那么好看又善良的小姑娘，腰间要挂着一个伴随终生的污秽便袋。

那部电影我看过一遍，一直没有勇气再看第二遍，每每提起都会觉得头皮发麻。

恨那个利用孩子的同情心作恶的魔鬼，更痛心孩子的善良竟然为自己招致这样的灾祸。

当孩子不得不单独面对陌生人时，作为父母，到底应该给出什么样的教导？我们也许会告诉孩子，警惕身边所有的陌生人，不要和陌生人说话。**但孩子总会遇到要和陌生人交流的时候，把陌生人等同于坏人，很可能会让孩子在真正需要帮助的时候，让他们没法求助。**

就像这几年因为不恰当的引导，在很多孩子心里警察也被妖魔化了。看到这个英国妈妈的故事，比起一棍子打死所有的陌生人，不如有针对性地告诉孩子，怎样去辨别出"有危险的大人"。

"如果一个正常的大人需要帮助，他会找另一个大人，而不是向孩子求助。遇上这样的人，请马上远离他。"这句话的确值得让每个孩子铭记。

在乐于助人与警惕防备之间，我想我们应该珍惜孩子善良的品质，鼓励他们用金子般的心，让这个世界变得更加温暖美好。而同时，我们更别忘了教孩子增长智慧，当他们在漫长的人生路上偶遇危险时，懂得化险为夷，保护自己。

想要摧毁一个孩子，太简单了。但想要治愈他，却是这世界上最难的事情。

每个当爸妈的都应该问问自己，孩子的安全教育，我们做得够好吗？

危险！别放任孩子玩手机

　　孩子的自制力、价值判断、三观的形成，都还没有做好准备，迎接一个对孩子全然开放的互联网，那只有依靠家长做好他们的过滤网了。

　　前段时间，小拍爱上做一个"不回家的人"，一有空就跑到隔壁栋的小伙伴家里玩到饥肠辘辘才回来。

　　有一次小拍拿着作文本信誓旦旦地和我说："妈妈，我去童童家把作文写完就回来。"

　　童童的父母工作一直很忙，一个偌大的家里，常常就童童一个人。她老叫小拍去陪她，我想也是情理之中。

　　结果常常是，小拍回来以后，作文本上，只歪歪扭扭写了几个字。

　　我一脸狐疑，问她："你们在家里玩什么，玩得这么开心，作文都没写完？"

　　小拍神秘兮兮地讪笑，张了张嘴又捂上，像锁了一把不牢靠的锁，憋着满肚子的话想说又不敢说。

　　我故意将她一军："哟，看起来有什么秘密，不能告诉妈妈是吧，不告诉就算啦，妈妈也不想知道。"

小拍立马绷不住了，趴到我耳边说："童童妈妈给了她一部手机，不可以下载软件，但是我们从百度上搜索抖音短视频来看，看得笑死我们啦。"

我一听心里咯噔一下，暗叫了一句"不好"。

难怪这段时间，小拍老是跟我说"妈妈妈妈，我给你讲个笑话"，讲完她自己笑到停不下来。我就很奇怪，她从哪里听来的这些笑话，我怎么就不觉得好笑。

孩子获取信息的渠道五花八门，你怎么也想不到，他们突然就到了会用百度搜索视频的年纪。

心里斟酌了半天，我最后还是打了个电话给童童妈妈。

童童妈妈在电话那头惊叫起来："天呐，她的电话手表坏掉了，我本来只是想着换个手机来联络的，没想到现在的小孩花招这么多。"

我沉重地说："是啊，给孩子手机还是有很大风险的，以后还是让童童到我们家来玩吧，有大人看着会好一点。"

童童妈妈答应了。

这不是我过度紧张，不到 10 岁的孩子，没有大人的监管，放任她玩手机，意味着你根本无法预料她在手机上浏览到了什么，玩了什么，学习任务有没有好好完成，睡觉时间过了也不睡，还在玩什么。

给孩子一部手机，他就能撬开一个你完全无法预料的新世界。

最近一份社科院的报告显示，中国未成年人首次接触网络的年龄在不断降低。

我仔细看了它的调查数据，2017 年年底，被调查未成年人网络普及率高达 98.1%，10 岁之前触网的比例高达 72.0%，比 2010 年的 55.9% 又上升了不少。

报告里有一句话让人触目惊心——近七成未成年人，在网络上遇到不良信息，不良信息的主要来源是广告、视频和游戏。

想到小拍看抖音入迷，它的那些视频内容，经得起我们的审核吗？

孩子的三观还在懵懵懂懂地建立中，那些不良信息会给她的精神世界带来多大的污染，我这个当妈的，竟一点底也没有。

最可怕的是，网上出现的各种各样的骗局，已经悄然把魔爪伸向了孩子。

在知乎上曾看到一篇文章《比"素媛"还骇人听闻的一件事，正发生在中国大地上》，看得我脊背阵阵发凉。作者写道，在百度贴吧，搜索"童星"，会有一系列"童星吧""童星培训中心吧"类似的贴吧，里面有着各种各样招童星的帖子。童星，总能让人联想到光鲜亮丽，早早成名。有的孩子禁不住诱惑，看到招聘广告忍不住会想试一试。

但这里面，百分之九十九都是骗子。

他们假扮工作人员，在 QQ 聊天里骗取女孩的裸照，还无比自然地说，这是公司审核身体素质要看的。

除了裸照，还会要求直接视频，以检查身体为理由，让女孩在视频中脱掉内衣裤，裸露私密部位，甚至做出不雅动作。

如果女孩提出质疑，他们早就想好应对的策略，说是为了"设计衣服"需要，必须看清身体各个部位。

在视频的时候，他们还会提醒女孩"注意父母进来"或者"锁好房门"。发的调查问卷，也要求全部内容保密，不要让父母知道。

问题比如：你的胆子大吗，会因为拍戏时可能会需要的动作而羞涩放不开吗？你会为成为明星而不择手段吗？本次应聘为独力测试，成功前不得告诉任何人（包括父母闺密等），必须完全保密可以吗？

这些还没有见识过人间险恶的孩子们啊，就这样被推下了恶魔的深渊。丧尽天良的人渣，偷偷录下这些视频，转手就卖给一些色情网站。

《北京青年报》的记者，早在 2016 年就对这类事情进行了暗访，揭露了一系列肮脏的产业链。今年 5 月，终于有人被判刑 11 年，他借着招聘童星的幌子，在一年半内猥亵了 31 个孩子。

如今我再去逛"童星吧"，发现那些招聘已经不再明目张胆，里面充斥的竟然是众多女孩子发的自拍和资料。

那些骗子转而隐藏在评论里，留下 QQ 号让女孩加他。即便有不少人在贴吧里不断重申这些人都是骗子，还是抵挡不住源源不断的女孩在贴吧里发照片。

有评论说，傻女孩太多，骗子都不够用了。

她们拿着手机自拍，三两下就发到了网上，然后雀跃地问陌生人：自己能歌善舞，爱好广泛，颜值够不够做一个明星……

我的心揪着疼，这些女孩真的知道自己在做什么吗？我们做父母的，又知道她们在做什么吗？

放任年少的孩子玩手机，就是亲手送他们走向地狱啊。

第二天，我笃定地和小拍说："以后童童的爸爸妈妈不在家的时候，你就让童童来我们家里玩吧。"小拍一听，就知道自己自由玩手机的机会被剥夺了，嘟着嘴很不高兴。但小拍的学校是明令禁止父母给孩子玩电子产品的，她也没有什么话好说。

今年暑假，我每天只给小拍 10 分钟的玩手机时间，而且她玩什么看什么，我都在一旁看着。

我需要知道，她正在对什么感兴趣，并保有一份基本的了解、警醒和随时能聊的话题。

这几年她常常问："妈妈，我什么时候可以有自己的手机？"

我已经变换了几个答案，在找各种借口，尽力把时间往后推。

孩子的自制力、价值判断、三观的形成都没有做好准备，迎接一个对孩子全然开放的互联网，那只有我们大人做好孩子们的过滤网了。

小拍终究会长大，会到拥有自己手机的年纪，我想我会跟她提前"约法三章"：

虽然你有隐私权，我会非常尊重你，但我还是要保留必要时候查看你手机的权利。

虽然我把手机给你了，但我还是希望能约定好每天使用的时间，因为你还有很多事情要做。

虽然手机已经属于你了，但毕竟是用我的钱买的，假如你无法驾驭它，严重影响了正常的生活，我会保留必要时候收回的权利。

现在这个时代，不比我们读书时，有个小灵通就心满意足。电子产品，早已是一把双刃锋利的达摩克利斯之剑。

我不想让它消磨了我们成人的时间，又去麻痹孩子的灵魂。

守护孩子身体的界限感

我们没有保护好孩子，也没有足够尊重孩子的身体，才会让孩子被坏人有机可乘。

宁宁在 2 岁左右的时候，已经能比较清晰地表达尿尿、臭臭，于是白天开始尝试不穿纸尿裤，进行如厕训练。

在家里训练都挺顺利的，一到尿尿的时候，她就会大声说"我要尿尿"，我就赶紧带她到卫生间坐她的小马桶。

但我还是没有勇气让她不穿纸尿裤出门，万一她说要尿尿的时候，时间太短，我还没找到洗手间她就尿裤子了怎么办？

拍爸在一旁脱口而出："找个角落撒呗。"

我一脸嫌弃地说："那不成随地大小便了？"

说完之后，我脑海里立马浮现一个声音——"哼，你别忘了，五六年前，你自己就是那个带着孩子随地大小便的妈妈。"

是啊，我差点忘了，当年小拍两三岁的时候，她尿急来不及，我的确带着她"就地解决"过。

如今五六年的光阴过去了，我作为妈妈也已经成长了不少。尤其是在看过著名儿童性教育专家胡萍老师的《善解童贞》后，再看到公园里有老人或者年轻父母随地给孩子把屎把尿，我内心的感受有点复杂。

　　他们应该也像当年的我一样，完全不知道让孩子随地大小便是多么糟糕的一件事吧。上一辈老人的带娃传统沿袭下来，路人可能也觉得没什么大不了的。

　　可我们一边在心慌慌地着急给孩子性教育，一边又对暴露孩子隐私的行为习以为常，这局面真有点矛盾。

保护孩子隐私

　　其实孩子从一出生开始，生命就赋予了他身体的"高贵感"和界限感，我们不能因为他年纪小什么都不记得，就可以无所谓地对待。

　　孩子对自己身体界限感的认知，是从小从父母那儿习得的，如果父母本身都没有这个概念，不仅自己无法保护孩子，也无法教会孩子辨别"越界"行为。

　　想起以前我带小拍"就地解决"时，内心是非常尴尬的，只想着就这一次而已，太急了，下次不会了。但到了下次，遇上小拍又尿急时，我再一次手足无措，带着她慌慌张张，最后又故技重演。

　　说到底，还是因为我没有在脑海里绷紧那根弦，那根不可以暴露孩子隐私和破坏公共环境的弦。尿裤子在我心里太可怕了。几年前，一个中国内地妈妈在香港旅游时，带着孩子当街大小便，引起网络上的巨大争议。那时候，我对这个妈妈还抱有同情，因为我知道带娃找不到厕所的绝望。

　　但现在我却更多地在思考，如果让宁宁不穿纸尿裤出门，我应该做好哪些准备？

　　她现在还弄不明白隐私部位到底是哪里，但她需要知道，在家尿尿、臭臭的时候，要去卫生间，在外头同样也要找洗手间。养成这样的如厕习惯，就是一次无声的隐私教育，不需要任何说教。

以后如果真的带不穿纸尿裤的宁宁出门，如果旁边找不到洗手间，也最好要在隐蔽的地方解决，这样不至于破坏环境，也让孩子知道上厕所是一件隐私的事情。

不穿开裆裤

除了带孩子随地大小便，我们的传统带娃习惯里还有一条——喜欢给孩子穿开裆裤。

我以为这个习惯早已被淘汰了，但最近给老三买秋衣、秋裤时，发现开裆裤还是相当热销。当然现在孩子都有纸尿裤，穿开裆裤也没什么问题。但我无意间看到开裆裤的买家秀，着实吓了我一跳。有好几个妈妈上传孩子穿开裆裤的照片，生殖器就直接暴露在镜头下！或许她们觉得好玩，或许没当回事，但我心里还是默念了几遍"这只是少数，这只是少数"，才平复了我受到惊吓的心情。

穿开裆裤暴露生殖器，本身就是破坏孩子身体界限感的行为，孩子会以为自己的生殖器是可以让人随意看到、随意触摸的部位。

把照片传到网络上，其实就相当于把孩子的隐私暴露到不可控的公开场合，增加了太多受侵害的风险。那些让我们闻之色变的恋童癖暗网，传说都是利用孩子的裸露照片传播，我光是想一想都会脊背发凉。家长不要因为自己的无知，而成了伤害孩子的帮凶啊。

可在我们的日常生活中，还有很多小细节，正在破坏孩子的身体界限感。

胡萍老师做过一个调查，她说："10个孩子里有1个被成年人随意

看或摸弄生殖器；14.6% 的孩子生殖器被成年人作为玩笑谈资；12.86%
的孩子被成年人以伤害生殖器吓唬过；2.31% 的孩子，被家人将生殖器随
意展示给他人观看。"

是的，我们没有保护好孩子，也没有足够尊重孩子的身体。

孩子如果从小就被人随意触摸和谈论生殖器，那么他对自己的身体
就建立不起界限感和隐私，反而有可能以为自己的小鸡鸡是可以随意被
别人看和摸的。

有个妈妈跟我说过她的经历。她婆婆非常希望她能生个儿子，后来
得偿所愿，她婆婆高兴得不得了，带着几个月的娃出门逢人就说："这
是我孙子。"

有一次遇到一个邻居不明所以，回了一句："哦，是吗？好漂亮，
长得有点儿像女孩。"

结果，她婆婆竟然激动地边脱孙子的纸尿裤边嚷嚷："是男孩，是
男孩，不信你看。"

对方吓得连说"不用不用"赶紧跑了，婆婆还喋喋不休地说"干吗
不信，就是孙子"。

我听到这个故事哭笑不得，但还是跟这位妈妈说，再小的孩子也有
隐私，千万不要让婆婆总是这样对孩子。

破坏孩子的身体界限感，最大的危害是让孩子产生"习得性无助感"。
父母不尊重孩子，总要求孩子顺从，当孩子对侵犯自己边界的行为试图
反抗，可每次反抗都以失败告终时，内心就会产生无助感，久而久之，
孩子便不再对侵犯行为进行反抗了。

我们都是第一次当父母，不可能事事完美，已经犯下的错就让它过
去，重要的是我现在知道应该怎样做。每位父母都还有改错的机会，只
要别太晚。

上幼儿园的女儿被男同学亲，怎么办

孩子的社会交往，需要通过生活中无数的经历才能慢慢形成他自己的模式。成人应该把孩子当一个独立的个体来尊重，站在孩子的视角、从孩子的感受出发，才是真正地在解决孩子的问题。

刷微博的时候看到两个幼儿园家长吵架的事情，以往我都是一刷而过，这次却心血来潮去看了看网友的评论。

不看不要紧，一看真的吓了一跳，这大概是我看过男女孩家长阵营，吵架得最严重的一次。

事情的起因很简单，一个女孩的妈妈到幼儿园接孩子，发现一个小男孩突然亲了女儿一口。女孩妈妈非常生气，找男孩的妈妈微信上沟通。

本来刚开始两个人还挺客气的，结果男孩妈妈说了一句"这就是你不对了，小朋友们在一起玩，亲亲、抱抱很正常"，一下子激怒了女孩妈妈。

女孩妈妈直言让小男孩远离自己的女儿，男孩妈妈又很直接地说："这就是你不对了……"女孩妈妈彻底暴怒，在微信上骂对方"不可理喻"，称男孩子"耍流氓""低素质"。

男孩妈妈也怼过去："你简直是个疯子。"两个人就这样彻底闹掰了。

我从一些主流媒体的微博上看到两个妈妈的聊天截图，但并不知道聊天记录是真是假。不过从聊天记录上所透露的情绪看，感觉还挺真实的——

　　女孩妈妈的视角：我本着我女儿受了欺负的感受，来和你沟通，你竟然说这事儿很正常，是我反应不对？

　　这应该就是这件事会吵起来的导火索吧，也是男女孩家长在微博评论区吵翻的重要原因。

　　我也忽然发觉，一个三四岁的男孩亲了一个女孩，不同性别孩子的家长视角，原来可以隔着一条银河系。

　　总结起来，男孩家长大多都是这个观点——"别扣上耍流氓的帽子"。

　　有人说，不让亲就算了，说耍流氓有点过了吧，才上幼儿园呢，多大点年纪？

　　也有人说，是要教会孩子尊重，但女孩妈妈给人家孩子扣"耍流氓"的帽子，遇到横的等着挨揍吧！

　　女孩家长就基本是这种观点——"男女有别"。

　　有人说，我姑娘两岁的时候被同龄男孩亲嘴巴，大人还拍小视频发群里，我也跟对方大吵一架。孩子不懂，大人也不懂吗？真的要从小教育孩子男女有别。

　　也有人说，如果说这么小的孩子没有性别的概念，那请男孩的家长问问自己的孩子有没有亲过男孩。

　　双方互怼，吵得不可开交。

　　说实话，我看着这个大型吵架现场有点儿着急。

　　这件事的起因明明是发生在两个孩子之间，以家长的视角，真的看明白了一个三四岁的男孩亲一个女孩，到底意味着什么吗？

记得看《伯克毕生发展心理学》，把孩子最初的友谊写得很通俗：

2—6 岁的幼儿在交往中开始形成最初的友谊，他们知道，朋友是"喜欢你"的人，是你经常跟他一起玩的人。

比起孩子之间非朋友的交往，朋友之间的情感交流、交谈、笑声和对视都更多。

那些在班里有朋友，或者乐意结交新朋友的孩子，更容易适应幼儿园的生活。

看聊天记录，男孩经常在家里和妈妈提起女孩，他应该是把女孩视为朋友的，很有可能是用亲吻向朋友发出信息，表达情感，只是"亲吻"这个行为不被女孩妈妈接受。

那女孩自己是什么感受呢？她有没有把男孩当一个朋友，她对亲吻是拒绝还是接受的，不知道女孩妈妈有没有去问一问。

把孩子当一个独立的个体来尊重，站在孩子的视角、从孩子的感受出发，才是真正地在解决孩子的问题。

如果女孩跟妈妈说"我讨厌那个明明，不知道为什么老是要亲我"，妈妈就可以趁机教孩子一些拒绝的方式，比如大声说"不"，或者走开一点，或者直接告诉老师，甚至还可以衍生出性教育中的隐私教育，对不舒服的身体接触大胆说"不"，回家要告诉妈妈，等等。

在女孩明确表达了拒绝以后，男孩还一直要亲吻，那这个议题才真正变成了——**我女儿被"欺负"了，希望你儿子能学会尊重。**

不只是说男孩子一定要尊重女孩子，而是说任何人都要尊重其他人，同性、异性之间都是如此。

这时候就不能再说"亲亲、抱抱很正常"了，在不尊重对方意愿下的亲亲、抱抱，显然是不太妥当的行为。

幼儿园的孩子，他们的社会交往行为都在跌跌撞撞摸索的初级阶段，我们大人就是幼小生灵在汪洋大海中颠簸航行的灯塔。

教他们一些基本的交往礼仪，也是我们为人父母的职责。

如果女孩跟妈妈说，我跟明明是好朋友，他亲我是喜欢我啊，这个议题又会是另外一番景象。

女孩妈妈或许会心碎一地，觉得完全接受不了，就像"好白菜被猪拱了"。

但别忘了，孩子眼里的"喜欢"，和我们成年男女之间的"喜欢"，还差了十几年的光阴，这或许也是男孩家长所说的，孩子"没有男女概念"的意思。

能不能接受孩子用亲吻来表达喜欢，其实是家长的价值观差异，没有什么对错之分。

真要解决问题，两个家长合计一下替代方案——女孩家长如果说："能不能让你家孩子表达喜欢的时候，尽量用嘴说，不要用行动呢？我闺女虽然不介意，我倒是挺介意的。"

男孩家长说不定也会接受："好好好，我会注意的，不过也请给我点时间，孩子行为的引导需要一个过程。"

双方家长就不会这样吵起来，甚至闹到要转园的地步。

当然，孩子的感受也是经常变化的，今天和他还是朋友，明天就闹翻了，如果我们事事都敏感，件件都想帮孩子解决问题，那真得带个小板凳，时时刻刻坐在孩子身边。

在微博上看到有大 V 借这个话题大谈性别教育，说要从小让孩子认识到男女有别，相信这也是很多女孩妈妈的观点。但在这件事上，我却不认为这和性别教育有太多联系。

如果一个男孩，不顾另一个男孩的拒绝，非要亲他，这就被我们鼓励了吗？

孩子的社会交往，需要通过生活中无数的经历，慢慢形成他自己的模式。而我们大人却很容易将太多的个人感受掺杂其中，把问题变得越来越复杂。

想起小拍现在的朋友，女孩、男孩都能一起玩，虽然也有个别人我不是特别喜欢，但我相信孩子在成长过程中，会渐渐有自己的判断。

毕竟，我们也不可能永远做孩子的上帝，帮他写好人生的剧本，设定好人生遇到的每一个人啊。

别摧毁孩子脆弱的心灵

不管是有意还是无意，当孩子脆弱敏感的心一再被戳痛时，不仅失去的信任永远不会回来，还可能会亲手制造出让孩子一生都走不出的阴影。

最近，一个开午托班的朋友跟我说，她接到了一个 8 岁男孩妈妈的嘱托，而对这个奇怪的嘱托，一时不知道怎么办才好。

孩子妈妈跟她说：这段时间，儿子睡前老是喜欢摸自己的小鸡鸡，摸完还要闻一闻手上的味道。

她觉得儿子这么小就会"自慰"了，肯定是心理出了问题，于是拜托朋友在儿子午睡的时候多盯着点，如果管不住，甚至准备好了绳子，让把孩子的手绑在床头。

听完后我也是吓了一跳，这个年龄段的孩子对自己的性器官产生好奇，本来是一件非常正常的事情，怎么到这个妈妈这里就变得这么严重了，还要把孩子的手绑起来！

难以想象，如果真的这么做了，会对孩子造成多大的困扰和伤害。

"可怕"的行为和挠手一样自然

想起去年的时候，也有一个妈妈因为差不多的问题问过我。她 5 岁的女儿睡前喜欢摸自己的下体，她觉得女儿很奇怪，想带孩子去看心理医生。

我反问她，如果你觉得你手上很痒，挠两下有什么奇怪的吗？

她说，并没有什么奇怪的。

我说，那其实是一样的。

对还没有完全理解生理结构的孩子来说，隐私部位和身体的其他地方没有什么不同，就像最初的亚当和夏娃也不觉得赤身裸体有什么羞耻。

如果大人对这件事情过度关注，甚至妖魔化，反而会让孩子觉得这事情不同寻常，产生本来不会有的可怕影响。

听完我的话后，这位妈妈很自然地告诉女儿，这个行为很正常，没有关系。

这是自己的隐私，如果在幼儿园午睡的时候想摸，记得小心点，别让老师和同学发现就好了。她还跟女儿读了一些关于性启蒙的绘本，睡前带着女儿多运动释放精力。

今年我再问她，她很感激地说，女儿已经没有那种行为了，还好没有去看医生和告诉老师，弄得人人都知道，让女儿难堪。

呵护孩子敏感的内心

当了父母后，孩子的每一个小小的举动都牵动我们的神经，就怕一个忽视，耽误了孩子。**很多时候，我们的干预用力勇猛，忘了孩子也是一个独立的个体，有着比成人更敏感、更需要被小心呵护的内心世界。**

想起我初三那年，有一天，老师突然神秘兮兮地把我们这群班干部叫去开会，说班上美林同学的父母离婚了，让我们多多去关心她、开导她。

　　那个时候离婚还是很少见的事情，美林的妈妈担心离婚对孩子有影响，特意去跟老师交代多照顾女儿，而老师又很"用心"地交代班干部们。

　　我们几个班干部响应老师号召，告诉全班同学，大家也的确都表现得很照顾美林，还时不时去安慰她。快毕业的时候流行写同学录，记得当时给美林写的时候，我往前翻了几页，几乎全部都是在讲她父母离婚的事：

　　美林，你是一个很阳光的女孩，希望你父母的事情不会影响到你，有很多人父母离婚了却变得更加努力，我希望你也是这样的人，一定要加油……

　　美林，如果不是老师说，我都看不出来你父母离婚……

　　之后意外的是，原本成绩中上、性格也很好的美林，在我们的"殷切关心"下，成绩越来越差，性格也越来越内向，最后中考失败，连高中都没有考上。

　　现在回想起来，造成这个结局的最大原因，或许并不是美林父母的离婚，而是把离婚这件事情暴露在老师和同学中。

　　我们的"照顾"，让她觉得自己和所有人都不一样了，产生了异类感和羞耻感，每一句温暖的关心话语都变成了尖刀，一次次戳向这个敏感女孩的内心。

　　她的妈妈肯定万万没想到，竟然是自己的"好心交代"，抖出了女儿原本想好好保护的秘密，从而伤害了她。

孩子不是私产，要多多尊重

　　很多时候，我们大人觉得，孩子怎么能有隐私？哪里需要秘密？似乎父母喂养了孩子吃喝，就理所当然地拥有孩子的一切，就可以决定他们的所有问题。

但这样无界限的"爱"，造成的悲剧还不够多吗？

我小时候左邻右舍还很亲近，大家关系都十分好，亲切的大妈们让消息传递的速度异常快。记得那时有个小玩伴，我已经记不清她大名叫什么了，只记得小朋友们都叫她"垃圾公主"。听她妈妈说，上小学的她还在尿床，总是弄得家里臭臭脏脏，所以就给女儿取了这个"垃圾公主"的昵称。她妈妈喜欢打麻将，经常在麻将桌上吐苦水说女儿这么大了还尿床，所以附近几乎每家每户都知道这件事情，还有热心人提供治疗尿床的偏方。后来我出去读了大学，寒暑假回家时，我妈还当笑话讲给我听，说那个"垃圾公主"上了高中竟然还会偶尔尿床。原本，小孩子尿床是件多么正常的事情，只是一再被宣扬出去后，生理问题大概就变成了心理问题，最后真的成了内心走不出的阴影。

在成年人的世界里，问一问身高、体重都是冒犯，但是对于孩子，却常常理所当然地去抖搂他们的所有"污点"。

我们太习惯把孩子当成自己的私有财产，而没有把他们当成一个人去尊重。

一个得不到尊重、隐私随时被暴露的孩子，又如何去学会自爱和自尊，如何懂得去尊重别人？作为父母，我们天然地拥有了孩子全部的信任，但这样的信任并不是恒久不变的。

不管是有意还是无意，当孩子脆弱敏感的心一再被戳痛时，不仅失去的信任永远不会回来，还可能会亲手制造出让孩子一生都走不出的阴影。

每一个父母都应该是孩子隐私最可靠的保护伞，而不是践踏孩子自尊的刽子手。

千万不要把孩子遗落在车上

也许只是一个无意的疏忽，却可能让一个孩子失去生命，让一个家庭破碎。这样的疏忽让我们永远也无法原谅自己。

最近看到的一条关于孩子安全的新闻，说的是东莞一对夫妇，将 1 岁多的孩子锁在车里睡觉。有人发现车内的孩子之后报警，一群人围着车着急打转，这对父母却不见踪影。

虽然只有 3 分多钟的视频，但观看的时候我整个人都是焦躁不安的。

视频一点开就是"砰砰砰"砸玻璃的巨响，汽车周围的警察都在想办法，用警盾使劲砸玻璃，又怕伤到孩子，不用尽力气又根本砸不开，时间一分一秒地过去，不知道孩子在里面待了多久，现在什么情况，只能干着急。

幸好有个辅警果断抬脚，踹碎了副驾驶的玻璃，把孩子抱了出来。当时孩子已经大汗淋漓，浑身都湿透了。小女孩终于被解救了。

家长后来说，下车的时候孩子睡着了，就不想吵醒她，本想逛街逛个 10 分钟就回车里，但逛着逛着就忘了时间。能说出这样的话，可以看出他们心里肯定没有这样的警惕——无论哪个季节，只要是停在户外的汽车，车内温度都会迅速上升到危害生命的高度。

如果孩子一直被锁在车里，用不了多久就会直接热死在里头！

孩子爸爸还说："担心孩子会窒息，我还特意将前面两扇车窗摇下来，留有一丝缝隙。"

在他们看来，已经为孩子考虑得挺周到：孩子睡着了所以不叫醒她，担心孩子窒息所以留了缝隙，只不过忘了时间，下次早点回来就没事了吧。会把孩子留在车上的父母，基本都有这样天真的想法。在网上搜索一下类似的新闻，几乎都有车窗留条缝的细节。

可其实早在 1995 年的美国新奥尔良就做过这个实验，对比留了车窗缝隙和没有留缝隙，车内温度升高的情况。

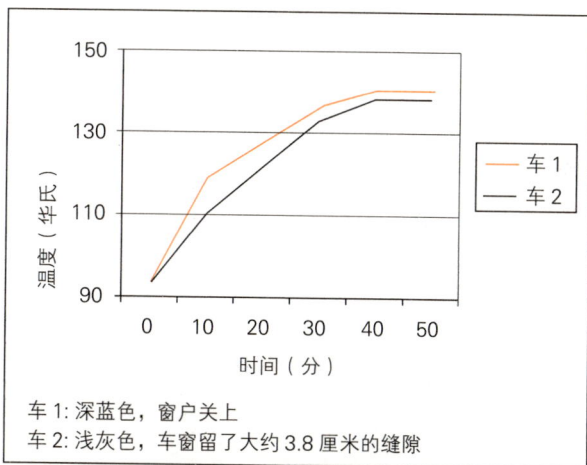

美国新奥尔良的实验对比图

我们仔细看这个图，车 1 的曲线是关了窗的汽车，车 2 的曲线是开了大约 3.8 厘米缝隙的汽车。

当时车外温度 33.8 摄氏度，短短 20 分钟，无论是否开了车窗缝，车内温度都超过了 125 华氏度（52 摄氏度），而这远远超过了孩子中暑的安全温度线（38.3 摄氏度）。

差不多过了 40 分钟，两辆车的车内温度就已经稳定在了 140 华氏度（60 摄氏度）左右！

如果这辆车里有孩子，等得了父母逛街 1 个小时回来吗？我们永远都要记住，车窗开个小缝是没有任何作用的，孩子依然在致命的危险之中。

如果这样的事情发生在美国，绝对不是父母向警察道个谢，就能把孩子领回去那么简单。

他们的法律极其重视这类事件，一旦有孩子因为锁在车里而热死，父母很有可能被起诉和判刑。

但严厉的惩罚也依然没有把这类悲剧的发生率降下来，一年还是会发生 15 ～ 25 次，贯穿春夏和早秋，如果算上像东莞这样被解救出来的孩子数据，肯定远远不止。

有一位父亲就是这样失去了女儿，他在镜头前忏悔，字字滴血。

这位父亲说："我下班走向我的车，当我打开后车门，看到佩蒂林就像石头一样坐在座位上，我听见了尖叫，那是我自己的尖叫声。

"那天彻底改变了我的人生，我曾向佩蒂林许诺，我要告诉我的朋友，关于车内温度过高的危害。那天的平均温度是 23 摄氏度，我一点也没有想到车内温度在 10 分钟就会上升到 34 摄氏度！……"

到底是什么样的父母才会把孩子忘在车里？我们所有人，包括这个忏悔的父亲，都对自己会犯这样的错感到不可思议。

"我怎么能够忘记我的孩子？我没有办法做到。这事仅可能发生在那些没有受过教育、酗酒、嗑药的人身上，而不是我。"《华盛顿邮报》曾经刊登过一篇报道，题目叫《致命的分心：把孩子忘在汽车后座是可怕的失误，还是犯罪行为？》，获得了新闻界的最高荣誉——普利策奖。他们采访了十几位犯过同样错误的父母，向我们揭示了一个无情的世界：每个人都可能犯同样的错误。

记者在报道里写道："富人会这样做，穷人和中产阶级也会，所有年龄和种族的家长都会这样。母亲出现这样悲剧的比例和父亲一样多。心不在焉型的人和细节控同样都会这样做。半文盲和高等教育也没有区别。在过去的十年中，这样的悲剧发生在牙医、邮递员、社会工作者、警官、会计师、士兵、助理律师、电工、新教牧师、犹太教学生、护士、建筑工人、首席助理、心理健康顾问、大学教授和比萨厨师的身上。包括一个儿科医生家庭，同样也包括一个火箭科学家……"

美国南佛罗里达大学分子生理学教授 David Diamond 在接受他们的采访时，更是这样说：

记忆如同一部机器，并非完美无瑕。我们的记忆总是会优化一些重要的事情，但是在细胞学层面研究上，我们的记忆却并非如此。事件是否发生，和之前父母的照料程度是没有关系的。有重要相关性的因素，是由压力、情绪、缺乏睡眠、生活节奏改变等结合而成。

如果你会忘记拿手机，那你就有可能遗忘你的孩子。

这段话看得我触目惊心，对我这种本来就丢三落四、记性特别不好的人来说，真的没有自信敢笃定，我永远不会犯这样的错误。

如何避免这个可怕的错误？全球儿童安全组织发明了一个 ACT 原则，每个有孩子的家庭和父母都应该谨记：

A（Avoid）

任何时候，都避免将孩子单独留在车内。

C（Create）

设置某些提醒，比如在车后座的孩子身边放公文包、钱包，以便到达目的地拿东西下车时想起孩子。

T（Take Action）

如果你看到有孩子被单独留在车内，别犹豫，马上拨打报警电话。

也许只是一个无意的疏忽，却可能让一个孩子失去生命，让一个家庭破碎。这样的疏忽让我们永远也无法原谅自己。所以为避免这样的惨剧发生，请一定要牢记这个原则。

管好自己的孩子，不当"熊孩子"

熊孩子的这些行为，当然是有问题，要坚决教育改正。但要为此负责任的，真的只有孩子自己吗？每一个熊孩子背后，其实都有一个不太将他人利益放在心上的父母。

有一天，我带着宁宁下楼去散步，走到门口，发现门外竟然黑压压地站了一排物业管理员，五六个人抬着头，忧心忡忡地盯着楼上看。

肯定出事了，我赶紧问了句："怎么了？"

物管指了指正上方的玻璃门拱，我往上一看，心里不由一惊——这玻璃上布满了小石头，其中有两块已经被砸得开裂了。

天啊，太危险了，这要砸到人的话，肯定要出大事！我不由自主地看了下宁宁，握紧了她的手，觉得既庆幸又后怕。物管说，他们初步推测，石头是楼上的小孩贪玩丢下来的，这孩子应该是由保姆带的，一时没看好。

没多久，电梯里便贴出了告示，语气严肃地劝大家千万不要高空砸物。

但这件事情，在我脑海里，久久萦绕不去。

就在不久前，我才看到一个类似的令人唏嘘不已的新闻。当时我还侥幸地觉得，高空砸物只是小概率事件，离我还很远的，没想到一下子，这飞来横祸的隐患就在身边了。

意外，不是一个可以原谅的理由

不久前，东莞观澜一小区，姥姥带着3个多月大的女婴童童（化名）在楼下晒完太阳，准备回家。走到门口，忽然从天而降一个异物，不偏不倚正砸中了童童的右脑。

童童还没来得及哭，就失去了知觉。很快，脑袋就鼓起一个大得触目惊心的包。而那个异物，当下就被砸得碎成了渣，再一看，原来是一个苹果。这样的冲击力，太可怕了。

父母连忙把童童送去深圳儿童医院，鉴定为重型颅内损伤、极重度贫血等症状，情况非常严重。医生马上为她做手术，第一台手术长达7个小时，目前做了两次。孩子这么小，这已是她能承受的极限了。重度昏迷的童童，一度只能靠呼吸机呼吸。

医生说，病情实在太严重，即使以后醒过来，童童右脑的功能，也几乎是完全丧失的。

虽不相识，可看着小女孩曾经的照片里粉扑扑的小脸蛋，如此恬静，如此柔软，我忍不住鼻子一酸。

她没有做错任何事情，没有招惹任何人，命运为何要让她去承受这样的意外？

事发后，派出所提取了苹果上的DNA，逐户排查。最终发现"凶手"是24楼的一名11岁女孩。女孩父亲表示，当时女儿独自在家，她想把苹果扔给家里的宠物狗吃，结果不小心从阳台扔了下去。

按照这位女孩父亲的说法，这是一起意外。可这个孩子的不小心，对另一个孩子来说，却是一场无法挽回的血淋淋的悲剧。

这正是高空砸物最令人深恶痛绝之处，他人犯下的错误，却要由无辜的人去埋单。

在安全问题上，意外不是一个可以被原谅的理由。即使是1%的发生概率，其后果都是我们无法承受的。

父母在安全教育上的缺失

这两起安全事件的始作俑者都是小孩，事件发生后，不管在网上，还是我们小区的微信群，都有人把怒火对准了孩子，指责他们是熊孩子，又跑出来闯祸。

这段时间，网上也突然流行起声讨熊孩子的风潮，各种文章曝光孩子在安全问题上的恶行：

熊孩子故意对着电梯按钮撒尿，最后导致电梯停运；

两个熊孩子在顶楼玩，把矿泉水、木棍、易拉罐等往下扔，结果正好砸中了路过的行人，经医院抢救无效后死亡；

因为嫌楼外施工声音太吵，妨碍自己看动画片，一气之下，在8楼的10岁男孩，用小刀割断了楼外施工者下方的安全绳。

……

这声势一波接一波的，简直罄竹难书。于是，各种"不要放过他们""狠狠暴打他们一顿""不能让他们继续作恶"的言论，大行其道。

熊孩子的这些行为，当然是有问题，要坚决教育改正。但要为此负责任的，真的只有孩子自己吗？

"熊孩子"这三个字，蒙蔽性太强了，它轻易就掩盖了这些事件背后，父母在安全教育上的缺失。正是因为孩子对这些安全问题没有认知和概念，才会肆无忌惮地不顾他人的安危。

每一个熊孩子背后，其实都有一个不太将他人利益放在心上的父母。

如果只是摆出一副事不关己的旁观者态度痛骂一顿，是很解气，却于事无补。指责是很容易的，可是作为家长，更应该做好自己。**在安全问题上，管好自己的孩子，就是对他人最大的慈悲。每一位父母都责无旁贷。**

请管好自己的孩子

很多父母可能会说，我已经教了，也说了，可孩子不听啊。

确实如此。

很多安全问题，并不是说一次就能解决的，也不是一个办法就能解决。

在安全教育上，需要多管齐下，疏堵结合，既要堵，又要疏。以高空抛物为例，我自己就试过很多办法，特意整理了一下，给大家一个参考。

首先，要坚定地告诉孩子，不可以往楼下扔任何东西。即使是纸片也不行，从一开始，就要果断阻止。

其次，改变家庭环境，增加孩子扔东西的难度。这是父母最容易做到，也最有效的。例如，阳台周围，不要堆放一些容易投掷的物品。

之所以会发生高空砸物，是因为阳台上原本就放满了很多小石头，这简直为孩子扔东西提供了大大的方便。还可以参考我的朋友，她为了防止孩子乱扔东西，特意在阳台上安装了防护网。年纪小的孩子，平时在家最好都有大人看着，一走到阳台，就要提高注意了。

堵完了，就要疏。3 岁以下的孩子都特别爱扔东西，因为他们很热衷体验地心引力的奇妙作用。

记得宁宁1岁的时候，有一段时间也很爱往楼下扔纸片，一不留神，就跑到阳台上去。于是，我们一有空，就把她带到楼下去玩扔石头，有时候能玩一整天。

每次都让她随便扔个够，她的需求满足了，就不需要再偷偷跑到阳台上去扔了。

当然，除了不乱扔东西，我们自己也要注意不被砸到，平时不要在大厦附近逗留太久。

你永远不会知道，天下掉下来的，是一块馅饼，还是一块石头。安全问题上，无人能独善其身。与其总把问题的矛头对准别人，不如干脆指向自己。

管好自己的孩子，这就是家长能为自己做的最负责任的行为。

第五章

亲子阅读：和孩子一起畅游书海

只有当我们认识到阅读对孩子的重要性和紧迫性，并真的努力去贯彻亲子阅读时，很多问题也就不是问题了。想做一件事你一定能找到办法，不想做，才总会有理由和借口。

重视孩子的阅读，别让他的人生输在起点

不会拼音、不会算数并不是所谓的输在了起跑线上，而从小没有养成阅读习惯，才是真正地输在了起跑线上。阅读虽不能解决孩子所有的问题，但不阅读却会让孩子在成长过程中遇到很多问题。

现在重视孩子阅读的家长越来越多，但即便是重视，也还是有不少妈妈会来问我，工作太忙，坚持不了给孩子讲故事怎么办？还有的说，孩子根本坐不住，没办法静下来看一会儿书，只好不那么强求。

看来"重视"也分程度级别，会有这类问题的妈妈，说明重视程度还不够。

只有当我们认识到阅读对孩子的重要性和紧迫性，并真的努力去贯彻亲子阅读时，很多问题也就不是问题了。想做一件事你一定能找到办法，不想做，才总会有理由和借口。

阅读到底能给孩子带来什么？在著名的《朗读手册》中，一个出生就有唐氏综合征的孩子，由于父母坚持给他阅读，4 岁时孩子智商高达 111。

我最推崇的尹建莉老师，也在她的书里把课外阅读比作一根魔杖，被这根魔杖点中的孩子学习能力普遍更强。

　　她在文章里举了一个例子：她一直跟进四个孩子的成长，最后发现有阅读习惯的孩子，在初中、高中之后学习潜力明显超过另外两个孩子。在她女儿的学校里，高考前 5 名的孩子都是从小就有持续阅读的习惯。

　　英国的一项研究表明：童年阅读能力越高的孩子，长大后社会经济状况越好，7 岁时阅读水平每提高一个等级，42 岁的时候年收入就提高5000 英镑。

　　在我看来，收入这些都是次要的，阅读最重要的还是给孩子带来快乐、带来享受。有了这种感受之后，我们才可以谈其他。

阅读给孩子带来享受、带来快乐

　　有些家长持有这样的观点：孩子还小就应该开心、尽情地玩，想玩什么就玩什么，看书等上学了再看也不迟。

　　的确，快乐的童年很重要。可是，**快乐的来源可以有多种，疯玩疯跑是一种乐趣，当一个孩子陶醉于一本书的时候，他获得的乐趣也不少，甚至更多。**

　　而且这种更深层次的快乐体验带来的乐趣，不但在当时，而且在他未来成长的道路上，也一直可以回味。

　　小拍小时候，我经常买一些绘本回来，家里的老人就说："这么小的孩子，看这么多书太累！"

　　在老一辈包括一些家长都认为，看书、阅读似乎是一件很辛苦的事。

　　为什么？因为我们小时候的学习、考试就是这样过来的，看书在我们当年就是一件苦差事。

　　后来他们慢慢发现，原来孩子很喜欢听我讲故事，看孩子听我讲得大笑，他们也慢慢地愿意给孩子讲。所以孩子的阅读和我们通常认为的阅读，或许不是一个概念。

有读者说，是我坚持得好，如果说一开始的坚持是我主动的，后来的坚持其实可以说是被动的了。

因为不讲不行。每天孩子都要求讲几个故事，当一个孩子陶醉于一本书里的情节，他恨不得一口气看完，根本就不想停下来。他对那本书的痴迷程度，不会比有些孩子对电视的痴迷来得少。

我小时候没什么书可看，偶尔家里有几本连环画，我就看得如醉如痴，天天翻，实在没什么看的，一张电器说明书也会看半天。

日本绘本之父松居直在他的书《幸福的种子》里提到："图画书不是用来学习的，是用来感受快乐的。"

而对孩子来说，他们不太可能只靠毅力、靠吃苦就去做一件事，只有他从这件事中能获得乐趣，他才愿意主动去做。

所以孩子小时候阅读的书，不用考虑他能学到什么，要首先问孩子是不是喜欢。

帮助孩子塑造自己的三观

一个孩子从书本上知道得越多，他就会越有成就感。这种成就感又让他主动去阅读更多的书，从而形成一个良性的循环。

而一个不爱阅读的孩子，他知道得很少，阅读起来就很吃力，越吃力对孩子来说就会越来越没有动力，从而形成一个恶性循环。

图书是一个很好的获取知识和丰富语言的渠道，孩子的三观也能在这个基础上建立。

我常常认为，决定人一辈子命运的其实就是人生几次关键的选择，你选择考什么样的大学，毕业的时候选择做什么样的工作，工作了之后选择什么样的爱人，而左右这些选择的就是你自己的价值观。

这些价值观的形成除了老师、父母、朋友的影响之外，阅读也有很重要的作用。

我们每个人只能经历一次人生，但是孩子在阅读的过程中，读一本冒险小说，他就和主人公一起经历了一场冒险的人生；读一本幻想小说，他也和主角一起进入了幻想的世界……如此，经历了多样人生的孩子，才会有我们所说的"见过更大的世面"。

而且优秀的作品，往往都充满真善美的人文关怀，从而引导孩子的价值观也一定是正面的。这些潜移默化的影响，这些丰富多彩的经历，会让孩子的思想更成熟，价值观也更完善。

有句流行的话说：身体和灵魂，总有一个要在路上。很多家长已经意识到旅行对孩子的重要性，**而每一次阅读都是一场心灵的旅行，也是一场和智者的对话**。

面对学习和写作都不会太吃力

苏联著名的教育专家苏霍姆林斯基曾说："一个不阅读的孩子，就是一个学习上潜在的差生。"

这意味着，一个孩子小的时候还可以凭借"小聪明"取得高分，但越成长，这种"小聪明"就越帮不到他，如果孩子没有持续阅读的习惯，他就会在学习上越来越吃力。

一个喜欢阅读的孩子写作文也不会有问题。好文章建立在两个基础上，一方面要有好的立意，就是思想性。

　　一篇文笔再优美的文章，如果立意有问题，它就不会是好文章，比如一篇名为"高考作弊十大绝招"的文章，写得再好，也不会是好文章，因为立意或者说思想性就出了问题。

　　而如果没有太多的阅读经验，没有在书本里获取过别人的生活经验或思想成果的孩子，他的思想怎么深刻得起来呢？

　　另一方面是文笔文采。一个喜欢阅读的孩子，他已经阅读了无数个流畅的优美的句子，你让他写病句都难。

　　学习和写作的一个基本要求，其实就是熟练。打个比方，有的家长说我的孩子不是不会，就是粗心。粗心虽然不是能力问题，但也说明孩子还不够熟练。

　　"1加1等于2"，我们为什么不会做错，因为我们已经无数次做过这道题。粗心看上去不是能力问题，但会让孩子的能力打折扣。

　　当然，阅读还有很多作用，比如提高孩子的专注能力、让孩子认识更多的字，等等。

　　小拍5岁时，我没有统计过她认识多少字，但一些比较简单的绘本，她基本都可以自己读下来。我从来没有刻意教过她认字，这些字她怎么认识的、什么时候认识的，我完全不知道。

　　可是在当下，阅读好像越来越难了。现在的孩子，他们有各种好玩的玩具，iPhone、iPad，那上面有无数孩子喜欢的刺激游戏。

　　相比之下，一本静静躺在那里、不能发出任何声音的书本毫无竞争力，对孩子来说，也毫无吸引力。这种巨大的对比说明阅读形势有多严峻！

　　阅读不能解决孩子所有的问题，但不阅读的孩子在成长过程中可能会遇到很多问题。有家长说："我也不爱看书，你看我今天也混得不错！"

我想说，如果你有爱看书的习惯，你可能会比今天过得更好。

　　不会拼音、不会算数并不是所谓的输在了起跑线上，而从小没有养成阅读习惯，才是真正地输在了起跑线上。给孩子读书吧，就像《朗读手册》中说的那样，"你或许拥有无限的财富，一箱箱的珠宝与一柜柜的黄金，但你永远不会比我富有——我有一位读书给我听的妈妈。"

轻松阅读，灵活运用孩子的碎片时间

碎片时间里的阅读对孩子来说是件有趣的事情，而且除了有趣，我们不要灌输给孩子任何其他目的，先养成好的阅读习惯即可。

有不少妈妈其实很重视孩子的阅读，但跟她们聊过后发现她们似乎越重视越焦虑。一方面是懂得阅读是点亮孩子人生的明灯，但另一方面又总担心自己做得不够耽误了孩子。拼命地囤书，又不知道怎么让孩子读。

特别是职场妈妈，工作已经很忙了，每天很难再抽出完整的时间陪孩子阅读、给孩子讲故事，这可怎么办呢?

我一直觉得，阅读不管是对孩子还是对家长，从来都不是一件苦大仇深的事情，更不需要每天花很长时间一本正经地读才能养成好习惯。

教育的成败全在细节里，阅读的成败同样也是这样，这个细节不在于花了多长时间，而在于用的是"巧力"而不是"蛮力"。

我总结了自己这七年来亲子阅读上用的"巧力"，大多是每个妈妈都会有的碎片时间，希望能给妈妈们一些借鉴和启示。

吹头发的时间背完了《唐诗三百首》

家有女宝的妈妈都给孩子吹过头发，吹头发这件事情对孩子来说既无趣又有些难受，以前我给小拍吹，她也是各种挣扎。

有一次小拍又在很不耐烦地问什么时候能吹完，那天刚好身边有一本《唐诗三百首》的小册子，我顺手拿给她说："读完五首诗，我们就吹完了哦。"

比起无聊地等待，用读书的方法来计时显然是个不错的选择。小拍真的认真读了起来。从那以后，就像条件反射一样，只要到了吹头发时间，她就会主动找来那本《唐诗三百首》读五首诗。

你可能不相信，这几年她就是在吹头发的时间里读完了整本诗集，而且读了好多遍，大部分的诗都能轻松背下来。

最近，唐诗已经不能满足她的胃口了，她开始在吹头发的时候读起了英文绘本。利用这一小段时间来阅读，说实话我也是没有预谋地歪打正着。

但想想看，在孩子最无趣的时候塞给他们一本书，读得认真也是意料之中的事。

当然，不一定都要在吹头发的时间读书，像男孩子的头发就几乎不用吹，每个孩子的生活习惯不一样，只是我们可以找找类似的固定碎片时间，说不定它们就是孩子养成阅读习惯的大功臣哦。

坐车时间讲完了经典绘本

尹建莉老师的书里面有一个场景，我印象很深刻：她每次和女儿圆圆出门坐公交车，都会带上一两本小书，和圆圆一起在车上读。

以前我自己坐公交车或者地铁的时候，也会揣上一本书，那种沉醉在文字里，让心与嘈杂环境隔离开的感觉真的非常美妙。

有了小拍以后，我们出行更多的时候是自己开车，当然，我也会在车里给孩子备上几本书。

孩子在车里被绑在安全座椅上不能动弹，已经很难受了，再没有点感兴趣的事情做，常常会吵翻天。

考虑到坐车的时候看书可能会对眼睛有伤害，**所以我尽量选一些文字比较少的经典绘本，和小拍一起看，给她讲故事，而不是直接把书扔给她。**

最初我买了许多获过国际大奖的经典绘本，其中有不少就是小拍在车里听我讲完的。

没有精力讲的时候，我也会在车里放一些光碟，比如英文的儿歌、绘木故事，用这些来替代流行歌曲和交通广播。

孩子爱听不闹腾了，更重要的是不知不觉中孩子的听读能力也会得到大大提升。

等上菜时用书替代手机

每次去外面吃饭，餐馆里只要有孩子的地方，就能听到："妈妈 / 爸爸，手机给我！"所以低头族越来越小，一两岁的孩子就已经能把手机玩得很溜了。

这能怪谁呢？我们大人吃饭等上菜的时候个个都在低头刷手机。

在孩子的心里，"等菜时间 = 玩手机时间"，我们自己不纠正这个观念，孩子也永远改不了的。

跟小拍经历了几次抢手机拉锯战后，带她出门吃饭的时候，特别是吃酒席等菜时间很长的时候，我都会在包里放上两本书，一本给她看，一本给我自己看。不管我能不能看进去，都会和她一起把书拿出来，反复翻看，一直到正式开始吃饭。经过快一年的"洗脑"，小拍的脑子里终于有了"等菜时间 = 看书时间"公式。

年初我发了一条朋友圈，小拍坐在酒席桌子边安静地阅读，人人都夸她真厉害，殊不知这可是我"陪读"一年的结果呀。

起床和睡前，花 10 分钟讲故事

职场妈妈白天没时间陪孩子，但孩子起床和睡觉的时间点通常是能赶得上的。

孩子起床的时候，妈妈们要帮他们洗脸、刷牙、穿衣服，孩子还可能带着"起床气"的小情绪不配合，这个时候放个小故事刚好叫醒他，也能在轻松的声音里缓解妈妈们一大早的焦躁情绪。

最近小拍的叫起神器已经改成长篇故事了，每天听 10 分钟，差不多她能全部收拾完。不要小看这一点细碎的时间，算一算，她一年就多出了 3600 分钟，60 个小时来听优质的故事呢。

至于每晚给孩子讲睡前故事我也建议过很多次了，妈妈们每天再忙，睡前也最好抽出 10 分钟左右给孩子讲故事，陪孩子阅读。

这不仅是帮助孩子建立良好的阅读习惯，更重要的是让孩子感受到一种美好的亲子关系，让孩子每天都在妈妈的爱中熟睡，内心变得无比富足。

借助外力，老人也可以帮孩子阅读

白天妈妈爸爸要上班，老人在家带孩子，这段时间是不是孩子的阅读就彻底没戏了？

虽然大部分家庭的分工都是爸爸妈妈负责孩子的教育问题，老人主要管孩子的吃喝拉撒，但其实只要多做一点点，老人也可以成为帮助孩子阅读的好帮手。

把平时孩子读的中英文绘本音频下载到老人的手机或者 iPad，然后教老人怎么播放。这样就算爸妈不在家，老人也可以放故事给孩子听，孩子被音频吸引，很多时候不自觉地就会拿出相应的书来翻看。家人能否成为"神助攻"，我们多做一点点就会完全不同。

切莫矫枉过正，阅读不是紧逼来的

听我讲完上面这几点，大概会有妈妈们惊呼："会不会太夸张，难道所有的细碎时间都要让孩子来阅读吗？"

当然不是，如果矫枉过正，把孩子逼得太过紧绷，反而会扼杀孩子对阅读的兴趣，这样做才是得不偿失。

同样是在餐馆吃饭等上菜，有别的小朋友可以一起玩，这个时候当然是放手让孩子们去玩，而不是逼着他阅读。

我举例的这些细碎时间，都是孩子在无聊和无趣的前提下，**这些时候阅读对孩子来说是件很有趣的事情，而且除了有趣，我们不要灌输给孩子任何其他目的。**

我一直认为，孩子天生都喜欢阅读，凡是那些表现出不喜欢阅读的孩子，都是因为家长没有在合适的时机给他们提供合适的阅读环境。

这些与孩子相处中产生的碎片时间，看上去每个碎片都很短、很平常，但养育孩子本来就是细小平凡事情的累积，需要在点点滴滴中渗透。

我大致算过，这些时间加起来一年多读 50 本书很轻松，以一本绘本大约 2000 字来算，这一年下来读十万字毫无压力。

　　忙碌而没有太多时间陪伴孩子的妈妈们，不妨在这些细碎的时间里多花一些心思，把好的阅读习惯潜移默化地植入孩子的人生中。

孩子不爱看书怎么办

　　读书，就要享受这件事本身，而不要附加很多别的目的。孩子小时候的阅读，学到什么知识是其次，重要的是让他爱上阅读这件事，爱上书这样东西。

　　我给一个朋友的孩子送过《少年时》的一年订阅，结果上次去她家，发现好几本被扔在茶几的下面，还是崭新的。

　　我好奇地问："你家孩子不爱看吗？"朋友有点不好意思地回答说："孩子学业重了，根本没时间看。"

　　她家孩子 11 岁，正读五年级，的确是小升初的关键时期。但仔细想想，五年级就已经全然没有看课外书的时间了吗？

　　正在愣神，孩子从书房出来，嚷嚷着"我作业做完了啊"便开始拿起手机玩起来。

　　朋友的脸一阵煞白，拉我到房间诉苦："这孩子根本不爱看书，就爱玩手机、看电视，叫他看书就像是要他的命，我真是没办法了！"

　　我心里泛起无奈的涟漪，想当年，她比我更早进入亲子阅读。

　　孩子小的时候，她也给他讲过睡前故事，可是随着孩子学业的加重，阅读兴趣没有稳固地建立起来，习惯没有坚持下去，就很容易陷入这样的僵局中。

在这个网络时代，亲子阅读的确是一条漫长而需要坚持的道路，容不得一丝松懈。

作为家长，我们到底应该怎样引导孩子爱上阅读，在刺激、好玩的电子产品面前，怎样让孩子更愿意选择看书呢？

亲子阅读的开始永远是越早越好

大家都有这样的经验，越小的孩子越容易引导，小的时候你给他什么他就接受什么。美国诗人惠特曼曾说："有一个孩子每天向前走去，他看见最初的东西，就变成了那东西，那东西就变成了他的一部分。"

我们自己也发现，很多习惯都是在小时候养成的，比如我爱吃米饭、拍爸爱吃面，一辈子难改。

因此，如果你在孩子小时候，不让他去接触图书、不感受阅读，他就会被电视、iPhone、iPad 所占领。现在孩子的选择太多了，他们的注意力轻易就会被充斥的电子产品所吸引，不像我们小时候随便捡张纸片或者说明书都能看半天，那时候实在没东西可玩啊。

再加上随着孩子学业的加重，假如阅读习惯还没建立起来，就会像我朋友的孩了那样，一有放松的时间，他的首选就是玩手机。

家长自己要做榜样

言传身教，身教比言传更重要。我们家长不能自己看电视、玩手机，却跟孩子说"快看书去"。这样不仅没有说服力，而且老催的话还会让孩子产生逆反心理。

大家有没有这种感受，本来没有讨厌做一件事，但如果身边的人总催我，我就会越来越烦这件事。

千万不要自己在看电视，看见孩子没看书就催着孩子看书去，即使你心里这样想也一定不要催。

有句话我觉得很有道理，**让一个人永远拖沓、永远讨厌一个事物的最有效方式就是不断督促他做这件事。**

我跟拍爸很早就约定过，每天回家从晚上 7 点到 9 点不可以看手机、看电视，要看也要等孩子睡了以后只看一会儿。

让家里随处可以看到书

家里要营造出读书的环境。书是家庭最好的装饰，最好是把书放在孩子随手可以拿到的地方，茶几、餐桌、沙发，让孩子随时随地都可以拿起一本书就翻。

在我们家，卧室、客厅的书柜不说，过道、洗手间、阳台、枕头边、沙发、餐桌上都是书，车上有书和光盘，外出时一定在包里塞几本书，或带上音频播放器。

如果把书都放到书架上，孩子很少会去拿，不是他不想看，是孩子根本想不起来。

另外，我也建议大家可以多带孩子去图书馆和书店，我们经常带小拍去广州图书馆的亲子阅读馆。一个不爱阅读的孩子，当他在一个大家都在开心阅读的环境里，会慢慢被感染并投入进来。

我想不出一个在图书环绕着的环境中长大的孩子有什么理由不爱看书呢？

坚持是王道

和孩子一起阅读的时候，我的建议是不要老问他，这本书讲了什么。如果孩子主动问可以跟他解释，孩子没问，而你经常去问他，这样做会大大破坏孩子对阅读的兴趣。

读书，就要享受这件事本身，而不要附加很多别的目的。孩子小时候的阅读，学到什么知识是其次，重要的是让他爱上阅读这件事，爱上书这样东西。

这世上的事，怕就怕"坚持"两个字。

阅读这件事，如果说刚开始是我在坚持，到后来已经不需要我坚持了，你不讲故事孩子会缠着你，讲一个不行，讲三个五个才肯睡觉，很多妈妈都有这样的体会。不过要注意，比如有时候妈妈出差了、假期孩子回老家，或者家里有了小宝宝，妈妈实在没空，孩子也就不看书了，这时候爸爸一定要给力，接上这个工作。

阅读最好养成习惯，每天固定时间给孩子讲故事，这样孩子到点了就会条件反射，该讲故事了。这也是一种仪式，比如每天睡前讲故事，孩子也会对这段时间充满期待，如果太随机了，孩子在玩游戏时被打断，反而对讲故事没什么热情了。

家长讲故事的技巧是其次的

有些家长说："我普通话不好，读的也没感情，孩子肯定不喜欢。"我认为不是这样的。

我观察身边的很多孩子，他们对家长讲故事的要求真的不高。在图书馆经常可以听到一些家长在给孩子读书，我站在旁边听，从播音专业角度看，那些妈妈大部分讲得都非常一般，但孩子仍然很投入、很享受、很带劲。

所以家长不要有这方面的顾虑，重要的是马上行动起来。在孩子眼里，妈妈的声音永远是最好听的。如果你很想学习怎样可以讲得绘声绘色，可以多听一听专业人士讲的，多模仿，然后再讲给孩子听。

细心观察孩子喜欢哪一类书

在我的公众号里，我写过好几篇根据孩子年龄和主题划分的书单，很多妈妈说照着买孩子都很喜欢（可以在公众号回复"书单"就能获取）。

但书单不是万能的，每个孩子兴趣不同，家长需要注意观察孩子喜欢哪一类书籍，不要把自己的爱好强加给孩子。

而如何给孩子挑书也有标准可以参考，对于不是特别专业的家长，如果从网上挑书，可以试着用这几个维度：

①**看出版社**。要有出版少儿书的传统和实力；一些著名的童书品牌，比如爱心树童书、启发精选绘本、信谊精选世界经典图画书、海豚绘本、蒲蒲兰绘本，这些我觉得是有起码的保证。

②**看作家和翻译者**。只有优秀的作家才会创造出好作品，如果是图画书还建议参考翻译者，如彭懿、任溶溶、梅子涵。

③**看得奖**。也不是所有的奖都靠谱，图画书可以参考纽约公共图书馆和日本百本必读，绘本方面最著名的奖项有美国的凯迪克大奖、英国的格林纳威奖，儿童文学方面有安徒生奖、纽伯瑞儿童文学奖。

④**儿童阅读推广人的推荐**。微博上有几个阅读推广人的推荐我觉得比较靠谱，比如王林儿童阅读、杨政、彭懿、红泥巴阿甲，微信上当然就看小莉推荐的啦（害羞脸）。

还有一些书也可以参考，比如汪培珽的《喂故事书长大的孩子》、彭懿的《图画书：阅读与经典》、阿甲的《让孩子着迷的101本书》，儿童文学方面可以参考彭懿的《儿童文学：阅读与经典》、梅子涵的《童年书》，等等。

11岁的孩子，已经在手机里找到无限乐趣，再让他重新爱上阅读，是一件非常困难的事情。因为手机，包括电视、iPad，都是以图像、声音来吸引人，这种刺激信号不需要经过任何大脑转换，孩子只要像个木头人一样坐着看就行了，他只要被动接受，不需要主动吸收。

人从根本上来说是懒惰的，当他习惯了这种被动的接受之后，就不再喜欢主动去思考。

但阅读的过程不同，文字是一种相对抽象的语言符号，需要孩子的大脑进行转换，这个过程相对"费脑"，所以玩手机几乎不要引导，但看书却需要大人的引导和刻意培养。

书是多么有趣的东西，如果没有引导好，孩子们就无法领略读书的美好，愿我们做好榜样的力量，让孩子在开始读书之前，就先彻底爱上读书。

让孩子享受阅读才会爱上阅读

　　亲子共读最美的，是在暖暖的灯光下，我读着，你听着，我在和你一起创造共同的故事记忆，我在和你一起分享故事的情感，我也和你有了许多共同的话题。我享受这一刻，孩子也是。

　　在美国待了一段时间以后，发现美国的书真贵。

　　给大小妞带的书，她们很快就看完了，只好去书店转转，结果发现一本只有几页纸的原版书要 8 美元，相当于 50 多元人民币。如果在国内，只有几页纸的绘本卖 50 多元钱，再多金的家长也会肉疼吧？顿时觉得活在祖国的幸福指数，"噌噌噌"在往上涨。

　　在美国的书店里，我们还碰到店员在绘声绘色地讲绘本故事，声音很磁性，表情也很丰富，宁宁这个小不点一下子就被吸引住了，即便她完全不认识这个店员，也完全听不懂英文。

　　现场还有不少孩子和大人，都在聚精会神地听着。宁宁甚至也想坐下来好好听他讲的绘本故事。我观察这个长得并不帅气的店员，感觉他讲得特别温柔，也很有感染力，一会儿低头看看书，一会儿抬头看看孩子们，眼神里透着认真和专注。

　　我突然想起，很多妈妈曾经问我："为什么我讲故事的时候，孩子要么在撕书，要么在玩别的，根本不好好听呢，是不是我的孩子不爱阅读？"

　　我常常回答："小宝宝会有这样的现象很正常，大一点就会好了。"但我忘了再加上一句，**"我们亲子阅读时，要关注的不是孩子的状态，而是自己的状态。"**

讲故事的人要自己乐在其中

　　我以前给小拍讲故事，大部分时候她都很专心，但有时她也会突然从我怀里钻出去拿个玩具、喝口水什么的。我有次停下来等她，她却说："妈妈，你继续讲呀，我在听着呢。"我笑了，在此之后，只要她不说话，我都会把故事讲完。

　　我渐渐知道，孩子看起来在忙其他的，但耳朵是在输入的。**我们越是把自己沉浸在故事里，孩子就越会因为我们的投入而投入。**

　　现在小拍经常给妹妹宁宁讲故事，她摇头晃脑的样子，特别有趣。

　　她也早就学会了我的那些"套路"，常常模仿故事里不同的角色，变换不同的音调，还会随着故事的情节，突然一下子讲得特别快，一下子讲得特别慢，宁宁有时听得"咯咯"笑，有时也会哭起来。

　　宁宁时不时还会拿着书，翻到其中的某一页，要姐姐小拍从那一页开始讲，或者反反复复听小拍讲的那一两句，乐不可支。

　　小拍并不执着于要讲一个完整的故事，所以她很少拒绝，并且可以随时随地就从那一页开始讲，迅速进入状态。

　　我可以强烈地感受到，小拍是真心喜欢阅读、看书和讲故事的，与其说她是在给妹妹讲故事，还不如说是她在给自己讲故事，她在享受这件事。

　　宁宁快一岁半了，书是她的玩具、伙伴，是小拍为她搭建好了对书产生感情的桥梁，有小拍这样的引路人，我一点都不担心宁宁会不爱看书。

让自己也爱上阅读

现在很多父母都接受了阅读很重要的理念，亲子阅读的时间也开启得越来越早，但有的父母，却把亲子阅读做成了一件功利的、想要立竿见影的事情，总是关心孩子是否投入、是否能从书本里学到精华、是否能学到更多的知识。

讲完一个故事，忍不住要发问："你数数这里有几条毛毛虫？""你明白了一个什么道理？""说说你自己的感受？"……

如果孩子喜欢这种方式还好，不喜欢的，支支吾吾说不出个所以然来，听故事之后的问话成了一种折磨，阅读的兴趣也就大打折扣了。

我们亲子阅读的目的，是让孩子爱上阅读，但如果把它当作一件任务去完成，每天都有 KPI 考核，那我只能说："亲爱的家长，看来你自己就不爱阅读，还是放过孩子吧。"

想让孩子爱上阅读，最简单的方法就是，让自己也爱上阅读。

如果我们自己也爱阅读，就不会关心今天能看多少页、能学到什么，而只会埋头其中。带着这样的心态去阅读，坚持看书就会成为水到渠成、自然而然的事情。

和孩子一起享受阅读的这一刻

和孩子一起共读时，我们感受故事里的人物，感受情境，感受其中的悲欢离合，带着自己的感受和情绪讲出来，故事才会真正走进孩子的心里。

如果自己并不享受，只是当作一项必须完成的任务，那即便学再多讲故事的技巧，没有真情实感，孩子也不见得会领情。

著名心理学家科胡特曾说，父母是什么样的人格状态，比父母做什么更重要。

这也是为什么我永远在强调，别去纠结普通话和方言，别去纠结自己讲得不好，别去郁闷孩子好像根本没有在听，重要的是，我们的状态。

亲子共读最美的，是在暖暖的灯光下，我读着，你听着，我在和你一起创造共同的故事记忆，我在和你一起分享故事的情感，我也和你有了许多共同的话题。

在那一刻，我的心里只有你，而你的心里，只有我。

我享受这一刻，孩子也是。

读了那么多绘本，
孩子为什么依然不愿意讲故事

亲子阅读是一条漫长而没有捷径的道路，每个孩子都是花期各有不同的花骨朵。我们能做的，除了用心和坚持，就是陪伴和鼓励。

给大家讲了两年多的故事，培养了一批爱阅读的大小朋友，可还是有不少妈妈问我："我的孩子只喜欢听故事，就是不愿意讲，听别的孩子讲得这么好，我应该怎么引导自己的孩子讲故事呢？"

今天，我想和大家分享一点我个人的经验。我的女儿小拍属于语言发育相对超前的孩子，她1岁3个月开始会说整个句子，我以前的诺基亚手机上还保留着她1岁3个月时奶声奶气地说"我是小拍，我现在1岁3个月了"的录音，每次听都非常开心。

1岁半开始我带着她上蒙氏早教，当时早教的老师让我介绍小拍语言发展比较快的经验，我总结了几点：

1. 我是语言工作者，可能有一定遗传的因素；

2. 从孩子出生起，我就坚持给她讲故事，从简单的儿歌到简短的故事，循序渐进；

3. 我家的语言环境比较单一，基本上大家都讲普通话。

　　以上三点，在我看来第二点是最重要的，也是大家都可以做到的。**要想让孩子开口讲故事，首先要有持续的阅读做基础。所谓"熟读唐诗三百首，不会作诗也会吟"。**

培养良好的持续阅读习惯

　　有妈妈说："我的孩子就是只喜欢听不喜欢讲，已经坚持给他讲了大半年故事，让他自己讲还是沉默，沉默，再沉默。"

　　其实，**讲故事的前提是孩子要储存足够多的词汇。词汇量从哪里来？那只能是大人持续地输入，其中亲子阅读是最好的途径。**

　　就像我们学英语，当掌握的词汇量不多时，肯定不敢开口，只有持续大量的阅读和听的累积，才会有说出来的勇气。

　　所以不建议让太小的孩子学习自己讲故事，因为孩子太小掌握的词汇量不够多，每天日常用语的使用都不够流畅，更别说讲故事了。

　　亲子阅读是一条漫长而没有捷径的道路，每个孩子都是花期各有不同的花骨朵。

　　我们能做的，除了用心和坚持，就是观察和感受孩子在吸收养分的过程中，是不是快到了要绽放的时机。

　　他频繁地从嘴里冒出故事里的词汇和句子，能主动翻阅绘本来满足好奇心，或者不时地跟你提到某某故事里的人物，这都是小花朵向你发出的绽放信号！

　　抓住这样的信号，选择一个合适的时间点很重要。让他自己开口讲故事这件事，开始太早会打击孩子的自信心，太晚了孩子就不容易被"引诱"，再大点孩子就会不屑于干这事啦！

选择适合的阅读素材

小拍开始自己讲故事大概是在两岁时，我买了《月亮的味道》，那段时间她特别爱听，每天都要讲这本。有一天她又想让我讲这个故事，正好我手头有事，就随口说了句："妈妈在忙，你先自己看。"

结果过了一会儿，竟然传来了她自己念书的声音，我停下手中的动作，仔细听她读，发现她读的竟然和原书差不离。我大吃一惊，原来孩子的记忆力这么好，从那以后，遇到我讲过很多遍，又不是很难的书，我都会假借各种理由，让她讲给我听。

所以选择素材的时候一定要是孩子喜欢且烂熟于心的。

很多小主播给我发来故事的时候也喜欢说："这是我喜爱的故事，讲给小莉阿姨听。"

我看到这样的邮件总是有满满的幸福感，孩子愿意把自己喜欢的故事用最好的状态展示出来，这也是他们表达爱的一种方式。

我们让孩子讲他自己喜欢的故事，同样也是教他表达喜欢、表达爱。

每晚给孩子讲故事，在他的心灵杯子注满了你对他的爱，而他有一天学会用同样的方式回报你时，**你不会在意他讲得好坏，只会欢喜这是他发自内心愿意做的事情。**

积极给予孩子肯定和鼓励

这一点也是最重要的。即使孩子磕磕巴巴讲得很不顺溜，也要鼓励他，当他忠实的听众。

不仅要当面表扬，还可以刻意地跟家人说起这件事，比如爸爸下班的时候，妈妈可以高兴地跟爸爸说："哇，今天宝贝会讲故事了，他讲

的 ×× 故事可好听了！"

这种夸奖对孩子来说更受用。当然孩子要是讲了一半就讲不下去了，也没关系，告诉他前一部分讲得很好，妈妈很爱听，希望下一次可以听到故事的结局呢。

还有一些小细节，比如要让孩子自己边翻书边讲。因为书里面的图画会给孩子一些提示，有些孩子能认识一些字也会使他讲故事的难度降低，孩子讲成功了一次，才会愿意尝试第二次、第三次。

还可以尝试在孩子讲的时候用手机视频录下来，让他自己听，增添孩子讲的乐趣。

每天晚上和孩子上床之后，讲故事之余还可以聊聊天，让孩子说一说这一天在幼儿园的生活、和小朋友的相处，这样既锻炼了孩子的语言表达和逻辑思维能力，也会让亲子关系更融洽。

当然，还有的孩子天生就不爱讲，我觉得也不用勉强，就像我们成人很多时候爱听音乐，但并不一定就很爱唱一样。

扫下面的二维码，你可以听到小拍 5 岁时讲过的故事《逃家小兔》，其实比起很多小主播，她讲得并不是特别好，但因为她一直受到我们的鼓励，所以一直都敢讲、爱讲，也因此获得了属于她自己的信心和快乐。

（扫描二维码听故事）

亲子阅读避免做这五件事

　　"念书给孩子听，就好像和孩子手牵手到故事国去旅行，共同分享同一个充满温暖语言的快乐时光。"不管讲得是不是专业、普通话是不是标准，找到你们最舒服、最惬意的状态，和孩子一起享受亲子阅读的过程就好。

　　不少父母反馈说："我讲的故事不好听，孩子喜欢听小莉阿姨讲故事""小莉阿姨是播音主持系毕业的，讲得专业"。

　　可给孩子讲故事这件事，其实无关乎专业性和表现能力，更多的应该是父母和孩子间的亲子相处，因为在孩子心里，爸爸妈妈的声音永远是最动听的。

　　如果你讲的故事孩子不爱听，也许并不是因为你讲得不好，而是踩到了下面的几个雷区。

不要硬拉孩子听故事

　　记得有一次带小拍去邻居家做客，几个孩子在看动画片，看了半个小时，邻居看时间差不多要去关电视，孩子们都非常不乐意。于是邻居跟我商量，能不能给孩子们讲个故事，把他们从电视里吸引出来。

　　尽管我拿出最大的热情喊："小乖乖们，小莉阿姨来给你们讲故事吧。"但这群我的小粉丝全都没反应，连小拍也跟没听见一样坐在电视面前不肯动弹。

这个结果其实也是意料之中，听故事本来是件很有吸引力的事情，一旦成了打断孩子做别的喜欢事情的筹码，马上就会身价暴跌，甚至还有些令人扫兴和讨厌。

孩子和老人有一个相似的地方，生活需要规律和仪式感。

所以，给孩子讲故事最好安排在固定的时间，这样孩子到点就会条件反射，对听故事这件事情充满期待。

睡前是亲子阅读的最佳时间，亲密温馨的时光，会让孩子安静下来，带着美好的感觉进入梦乡。我从小拍6个月左右开始，每天睡前都会给她讲故事，这个习惯已经坚持快7年了。如果哪天实在有事或者出差，拍爸就会接班，其实上小学后，小拍很多时候已经可以自己睡前看书了。

不说小拍在这些故事里学到了什么，光是我们母女每晚一起得到的快乐回忆，就足以让我觉得弥足珍贵了。

不要给孩子总结"道理"

常听我讲故事的朋友可能注意到，我不经常讲国内的绘本，主要讲的都是国外的经典获奖绘本。

不是说国内的绘本不好，其中也有很多具有中国禅意和美感的优秀作品。但我发现有一些绘本都喜欢给孩子总结道理，明明孩子听故事听得正起劲，最后来一句："孩子们，你们懂得了……的道理了吗？"

可能是习惯了这样的文化熏陶，所以就算读的绘本里没有道理总结，很多妈妈也喜欢在最后说："这个故事告诉了宝宝……道理。"

国外不少经典绘本故事都是站在孩子的视角创作的，我们大人因为受社会阅历的影响，其实理解得或许并不全面。孩子的心灵是单纯的、透明的，他们虽然表达不出来，但本能地会从故事里汲取养分。

我一直认为不要功利地把绘本当成治疗孩子某种毛病的"药"，而应该通过这些美好的故事，把世界的真善美深深地植入他们心中。给孩子打上抵御丑恶的疫苗，让真诚、善良、勇敢、勤劳在孩子幼小的心中发芽。

大人们刻意地讲道理，一方面会限制孩子自身的理解力和想象力，另一方面还会引起孩子反感。

毕竟，谁喜欢听个故事还被说教一番呢？

不要吝啬和孩子互动

我们常常认为亲子阅读的场景是妈妈温柔地讲着故事，孩子乖乖坐在一旁专注地听着。但现实里，大部分孩子可没法那么乖。

比如小拍三四岁的时候，刚刚有了比较基础的语言系统，整天就爱说个不停。我给她讲故事，她就在旁边问个不停，我边回答她边讲故事，有时候一个小时也讲不完一本书。

面对孩子的不停发问或者打岔，妈妈们不要以为这是失败的亲子阅读，我觉得这恰恰是很好的状态。

孩子全情投入，并且学会了主动思考，妈妈们只要多付出一些耐心，孩子一定能从这样的亲子阅读中收获满满。

但与孩子互动时，切记不要走向另一个极端，即大人不停地向孩子发问，讲到一个地方就问："宝宝，你知道为什么会这样吗？你看现在有几只小猪？"

当提问变成了讲故事的常态，孩子很可能会把更多注意力集中在问题上，随时在想怎么回答问题，如此，听故事就不再是一件有趣的事情，而变成了一种负担。

所以我会建议，大人讲故事时也要带着童心，在与孩子的互动中一起享受探索故事内容的乐趣，孩子听得开心，我们也讲得幸福。

不要担忧讲重复的故事

孩子有多爱重复，相信每个当妈的都懂。一个动画片看几十遍上百遍，那是常有的事。听故事也是这样，一个故事一定要听得倒背如流才能放下。

在一篇谈孩子专注力的文章里提过，有一个妈妈给我留言说 3 岁多的儿子听我讲的《寻找金萝卜》连续听了一个多月，跟走火入魔一样，问我怎么才能让孩子听听别的故事。

这样的情况应该不在少数。我还记得有段时间，小拍想听故事，自己到书架前选了书递给我，我的第一句话十有八九是"又是这本啊"。

爱重复是孩子的天性，因为他们的理解能力还不够，一个故事要听很多遍才能充分明白其中的乐趣。通常年龄越小的孩子重复率越高，但随着年龄的增长、理解能力的增强，他们慢慢就会开始接受新的故事了。

给孩子讲故事，最重要的不是数量，而是质量。所以妈妈们不要排斥给孩子讲重复的故事，让孩子充分理解透一个故事，要比听许多个却都听得囫囵吞枣好得多呢。

不要忽略了封面和扉页信息

大部分妈妈给孩子讲故事都是从内页讲起。但有时候，很多故事是从封面就开始了。比如有一本绘本名叫 *Five Little Monkeys*，封面上有一群猴子在床上蹦蹦跳跳，大部分的猴子身上都有一个数字，但有两只猴子身上没有。

这个信息和书中的故事内容息息相关，如果忽略了封面上的小细节，可能会错过不少乐趣呢。

如果书的勒口或扉页上有作者介绍，我也会读出来给小拍听。比如我读《小鲁的池塘》时，会读扉页上作者伊夫·邦廷的介绍，小拍听过她创作的其他故事，知道她的故事大多都与别离有关，唯美中带着淡淡的忧伤。小拍很快就会进入状态，沉下心来，准备听故事。

孩子很多时候比我们想象得要聪明敏感，我们不经意地念一下作者名字，他们脑袋里可能就已经学会了风格归类，听多了，每个孩子都是绘本小专家。

松居直在《幸福的种子》里有一段话："念书给孩子听，就好像和孩子手牵手到故事国去旅行，共同分享同一个充满温暖语言的快乐时光。"

生活本身就充满了取舍，任何人都无法取代父母对孩子的影响，不管再忙，每天睡前给孩子读会儿故事吧。不管讲得是不是专业、普通话是不是标准，找到你们最舒服、最惬意的状态，和孩子一起享受亲子阅读的过程就好。这些美好的养分会深深地植入孩子的心灵，给孩子一生精神上的支持和引领。

如何在读绘本时让孩子轻松认字

指读为认字服务，认字为阅读服务，读得开心、品得有味才是最重要的。指读不是必须的，但阅读是必须的。指读是小技，而阅读是大技。

小拍 5 岁左右的时候，我们有一次去深圳自驾游。一个多小时的车程很无聊，一路上，小拍就念高速路上那些路牌和指示牌，"下一个出口还有 5 千米，×× 服务区"。连平常很少碰到的一些地名，她都读得出来，全家人欣喜不已。

在此之前，一直是我读书给她听，完全没留意到她已经认识了这么多字。那一瞬间，有些意外，细想一下，其实也在意料之中。

量变到质变的时候终于到了，我也不用纠结，上小学前到底要不要专门教她认字了。旅行回来后，我有意无意地让她也读给我听，从字少的绘本到桥梁书，慢慢地，到她 6 岁 8 个月上小学的时候，自己读书已经是家常便饭了，当然，她想听我讲的时候，我也乐意继续读给她听。

边指边读

小拍从不到 1 岁开始接受亲子阅读，到五六岁的时候突然爆发式地认识了很多字，这中间到底经历了什么呢？不少妈妈说，我也给孩子读了几年书了，但他还是不认字，这其中最大的区别，可能就在于我使用了"指读"。

所谓指读，就是在阅读过程中，用手指随着阅读文字移动，边指边读。

关于指读，其实大家的争议比较大。有些人认为，在轻松愉快的亲子阅读氛围中加入指读是件大煞风景的事，而有些人认为在不影响阅读兴趣的前提下，指读非常有效，用得好还会增加阅读中的乐趣，是件一举两得的事。

据我自己的经验，结合跟几位妈妈聊的结果，指读到底好不好，关键在于你怎么用。

七八年前，无意之中看了《好妈妈胜过好老师》，书中尹建莉老师提到，她用指读的方法给女儿圆圆阅读，孩子不仅喜欢阅读，也轻松认识了很多字。于是我也照猫画虎，开始用指读的方法带着小拍一起阅读。我边读边指着书上的字，"母鸡萝丝出门去散步，她走过院子，绕过池塘"，小小的小拍有时只是坐在怀里听我读，有时她也会指着书上的动物或人物给我看，或者跟着说狐狸、鸭子什么的。

小拍的语言发展得很快，大概1岁半时，基本的日常用语和我们对话，就已经没问题了。

这样读了有近一年的时间，也就是小拍2岁左右，有一天，我在厨房切水果，忽然听到客厅爬行垫上的小家伙好像在读书。我从厨房探出脑袋，只见小拍拿着她那本最喜欢的《月亮的味道》，一只手像我一样，边读边指书上的字，"它咬下来一小块月亮，觉得味道很香。"

更让我诧异的是，她几乎一字不落地把那本书读了下来，语气也和我的一模一样，那个样子实在太可爱了。听她读完，我从厨房拿出水果和她分享，并大大地夸奖了她。

后来有妈妈带小朋友来我家，看她读书的样子都很惊讶，以为她这么小小年纪就认字了，其实她大字不识一个，完全就是在鹦鹉学舌，模仿我的语言和动作而已。

让孩子对"字"产生好感

其实一开始指读的时候，我也不是完全一字一顿地按照字来指。一方面是太死板了，另一方面读书的语速偏快，如果一字一顿来指，语速自然就要放慢，读起来就不流畅。

如果是短句子还好，要是碰到一页里有好几行字的，这样指读下来，别说孩子受不了，我自己也觉得很无趣。我们读的时候就是自然地按照意群，或者一句话指过。

也许有人问，指读的时候，发音和字如果没对上，对认字没帮助啊。其实在孩子最早期的指读经历里，指读和认字之间没有太直接的关系。

指读，是让孩子认识到，妈妈嘴里讲出的这些好听的故事，就是由这些字得来的，字是有意思的，让孩子对"字"产生好感。

每个陪孩子看绘本的妈妈都会发现，孩子天生对图更敏感，也更有兴趣，一些图片上我们没留意到的细节，却逃不过孩子的眼睛。很多孩子在看《玛德琳》这本书时，都发现其中有个地方写的是 12 个小女孩，画家只画了 11 个。而对文字，如果我们不刻意指的话，孩子并不会主动去看。

那为什么有些孩子很反感指读呢？一些已经三四岁的孩子，前期没有指读，突然某一天，妈妈开始指读，他会很不习惯，觉得妈妈的手指来指去，干扰了他看书，尤其当指的时候挡住了他看图，孩子就更不乐意了。

我和小拍阅读的时候，也不是每本书、每一页都会指读。有些字和图排版在一起，如果指字会影响看图，那就不指。**指读并不是一件像数学题一样很严谨的事，做得自然、轻松就好，如果成了阅读中的压力，不做也罢。**

对孩子来说，生动有趣的图画、幽默搞笑的人物、隐藏在画面中的细节，才是他们最感兴趣的。而经典绘本中的图，很多都出自大家之手，读绘本也是孩子和大师进行艺术对话的机会，绘本的美，都在图画里。如果因为指读让孩子忽略了画面，那就是舍本逐末了。

归根结底，指读为认字服务，认字为阅读服务，读得开心、品得有味才是最重要的。

指读要循序渐进

有研究说，孩子在 4 岁左右才对认字这件事有意识，所以 4 岁之前不需要指读。

但如果从 2 岁开始阅读的时候没有指读，4 岁的时候突然加入，并不是每个孩子都愿意接受，我认为从亲子阅读一开始就加入，指读本身就像翻页一样，是一件很自然的事情。

有些妈妈说，我都指读两三年了，孩子也没认识几个字。我从小拍 1 岁左右开始指读，直到 5 岁多突然认识很多字，这中间经历了 4 年多。

有些孩子可能需要更长的时间，其实在亲子阅读过程中，认字只是一个附属品。能通过阅读轻松识字，而不是刻板地用字卡之类，当然再好不过，没有很快地认字也不要紧，不是有句话说，"有意栽花花不开，无心插柳柳成荫。"

到小拍6岁左右，她已经慢慢会自己看书，之后我就渐渐不再指读了。这个过程也做得很随意，我也不记得究竟是读哪本书的时候不再指读，孩子也没提这回事，就像我没留意她到底哪天开始会自己默默看书一样，指读就这样退出了我们的阅读生活。

还有些妈妈觉得，早认字会束缚孩子的想象力，或者觉得认字早晚都不要紧，反正到了小学三年级，大家都认得差不多了。

关于早认字究竟好不好，众说纷纭。我看到的认字较早、五六岁就开始自己读书的孩子都是相对早慧的，因为有阅读量的支撑，这些孩子的思维和理解能力都比同龄孩子强。

但说"反正到小学后大家认字都差不多"这个观点我不敢苟同。

认识同样多的字，不等于他们的阅读和思维能力在一个水平线上。就像我们成人和身边的同事相比，大家认字也差不多吧，但同样读一本书，理解和吸收的东西可能会有天壤之别。

对我们的孩子，这些电子产品的"原住民"来说，尽快进入自主阅读尤为重要。

不让孩子接触电子产品显然是不太可能的，但拿同样两个五六岁的孩子相比——对于一个早期就有大量的阅读，已经发现阅读乐趣的孩子来说，即使喜欢玩游戏，起码在生命早期，书也曾是他忠实的伙伴。

一时被游戏迷倒，回过头来他仍然会抽空翻翻书，因为对书的兴趣已经刻进他的生命里。

　　而一个五六岁还没有进入阅读的孩子，一下子被电子产品中那些光怪陆离的声音和画面所吸引，如何指望他会突然爱上阅读呢？因为书是静态的，不投入进去、不静下心来，是很难建立兴趣的。

　　当然，每个孩子都是不同的，我也无法确认指读对所有的孩子有效。愿意试一试的，可以参考；认为有其他更好经验的，也请大胆保留。

　　指读不是必须的，但阅读是必须的。指读是小技，而阅读是大技。

　　琅琅书声，就是孩子的朗朗乾坤。牵着孩子的手，一起去故事王国旅行吧。

学好这四招，给孩子编故事很简单

　　最后编出来的故事跟我原来设想的不一样，甚至有可能南辕北辙或者变得无厘头，但那又有什么关系呢，我们给孩子讲故事、编故事，不就是让她开心快乐吗？

　　无论是唱歌还是讲故事，都是妈妈和孩子间的亲密时光，只要能给彼此带来快乐，哪一种方式都是可以的。

　　不过，真正引起我兴趣的不是睡前唱歌，而是想给孩子讲故事却又编不出。说起编故事难这事，很多父母应该都有共鸣。

　　从小拍6个月左右开始，我每天晚上都会给她讲睡前故事，到后来有时候讲完了，正想关灯睡觉，可是，她一脸意犹未尽地看着我："妈妈，你再给我讲一个吧。"

　　看着她渴望的眼神，我总不忍心拒绝，可是又担心重新开灯讲故事会延长她的入睡时间。左右为难的时候，这小妞竟然来了一句："妈妈，你给我编一个吧。"

　　说实话，一开始听到她这个请求，我还蛮有压力的。即兴编故事的难度系数比照书念，难的可不是一星半点啊。

所以，刚开始给她编故事，我都是磕磕巴巴的，讲讲停停，甚至有时候刚讲完就忘了，所幸，小拍也没嫌弃我编得不好，还会时不时鼓励我："妈妈，你编的故事真好听。"

有了她的无条件信任和鼓励，我从一开始的胡编乱造，慢慢地找到了一些小技巧，渐入佳境。

多看多读，先输入再输出

有一次，给小拍编《小动物捉迷藏》的故事，编着编着竟然就词穷了，不知道怎么往下接，脑海里突然闪过《逃家小兔》里小兔变成一朵花藏在花园里的情节，我灵机一动，稍微改编了一下，然后用自己的话讲了出来，想不到小拍竟然听得很入迷。

受此启发，后来我一有空，就会有意识地去熟记一些故事的素材，像童话故事、童谣、儿歌、神话故事、古诗词……肚子里的"墨水"一多，编起故事来就得心应手多了。

其实，编故事就像写作文一样，要有输出，就要先有输入。多看、多读、多记现成的故事，积累多了，也就会讲了。熟悉了别人的故事，慢慢地，就可以自己尝试改编或者创编更多的故事了。

刚开始编故事，不要给自己太大压力，故事也不要太长，几分钟就可以了，但要尽可能完整一点，涵盖开头、过程和结尾。

有一点要注意，如果是睡前编故事，尽量不要讲那些刺激、兴奋的故事，讲一些温馨、安静又美好的故事，而且语气、语调也应该比较舒缓，这样有助于孩子身心放松地入睡。

当然，编故事不一定要在睡前，只要有空，孩子又愿意听的话，随时随地都可以进行哦。

根据孩子的兴趣编故事

无论是讲故事还是编故事，好不好听，都是听故事的人——孩子说了算。有些妈妈说："我编的故事，孩子都不喜欢听。"那不妨试着根据孩子的兴趣来编，说不定会有意外的收获呢。

小拍两三岁的时候，有段时间对动物特别痴迷，经常会要求我给她编关于动物的故事。因为是她自己出的题目，我在编故事时，发现她很容易代入故事的角色和情节，听得很入迷。

当然根据孩子的兴趣来编，我们还得花些小心思，才能让故事更吸引人。比如，我给小拍编动物的故事，会模仿不同的动物说话的方式，进行角色扮演，甚至会增加一些有趣的象声词，像"咩咩咩""啊呜啊呜""吱吱吱""嘎嘎嘎""叽里咕噜"，等等。

这些生动有趣的词语，常常能带给孩子意外的惊喜，我至今还记得，给小拍改编《小老鼠上灯台》故事时，她每次听到"叽里咕噜滚下台"那一句，都会"咯咯"笑个不停。

将生活经历编成故事

不知道为什么，孩子对于爸爸妈妈小时候发生过的事，似乎都有着浓厚的兴趣，或许这也是基于爱的一种好奇吧。

我和拍爸偶尔会提起自己小时候的一些趣事，每当这时，小拍立马就化身为好奇宝宝，打破砂锅问到底。后来，我和拍爸就索性将自己小时候经历过的一些趣事，主动讲给她听。看着她依偎在我们身旁，安静听讲的样子，感觉我们的距离更加近了，隐约中嗅到了一种温馨和幸福的味道。

其实，除了喜欢听爸爸妈妈小时候的故事，孩子还喜欢听自己小时候发生的趣事。记得有一次，我给小拍讲《出生的故事》，提到她在我肚子里喜欢"跳舞"，一会儿翻个跟头，一会儿伸伸胳膊腿，一会儿又吐个泡泡……发现这小妞竟然边听边捂着嘴偷笑。

这些有爱又有趣的故事，能让她更了解自己，从中感受到父母的爱和力量，从而汇集成滋养她心灵的养分。

鼓励孩子一起编

一开始给小拍编故事，大多是我讲她听，等她对故事有了一定的熟悉度或者语言表达能力发展了之后，我开始试着让她一起来参与编故事。

比如说，可以让她决定故事里有哪些角色、分别叫什么名字、几岁了，喜欢吃什么、做什么……甚至可以让她用自己的名字来命名喜欢的角色，孩子会很有代入感哦。有时候，我刚编完一句，她就抢着接下一句，或者我先把故事开头编好，让她接着编结尾。这种你来我往的互动方式，让她对编故事的兴趣越来越浓厚，听得也更加专注了。

虽然，最后编出来的故事跟我原来设想的不一样，甚至有可能南辕北辙或者变得无厘头，但那又有什么关系呢，我们给孩子讲故事、编故事，不就是让她开心快乐，记住彼此相处的亲密时光吗？

等到孩子再大一点，可以和孩子一起，先画画，然后看图编故事，画得多了，还可以装订成册，变成一本 DIY 的故事书。

孩子的童年离不开故事，不妨试着发挥想象力，给孩子编更多美好的故事吧！

痴迷阅读，别忘了保护孩子的视力

以前总爱强调孩子的阅读是多么重要，如今我痛心疾首地感叹，孩子的用眼习惯同样重要啊。保护好他们的视力，才能让他们远离在"云山雾罩"中过一生。

晚饭后，有个女孩慵懒地瘫在灯光下，垂着头，修长的手指轻轻捻着书，眼睫毛一颤一颤的，眼神如柔美的月光一样快乐，周围的世界再喧嚣，绕在她身上都凝住了。

这就是我女儿小拍看书的样子，专注得像藏起翅膀的天使，驻足在人间，没人敢去冒昧惊扰。妹妹的"呵呵"傻笑都被她挡在心门外。

然而，今昔不同往日。理智在狂敲我的大脑——"老母亲你快醒醒，你女儿又在虐待自己的眼睛啦！"我不得不喊了一句扫兴的话："小拍，去你房间书桌那儿看吧，这里光线不够亮哦。"

小拍看了我一眼，嘟着嘴，不情不愿地起身，走进自己房间。

我是一个近视妈妈

苍天啊，让我给小拍大煞风景念紧箍咒的，不是老母亲的一颗玻璃心，而是她体检报告上赫然写的右眼视力 4.9 的重磅炸弹啊。看到这个数据时，我脑袋"嗡"的一下，感觉五雷轰顶，脚底发软，差点瘫倒在地上。

要知道她以前两只眼睛的视力，都可以达到 5.2，这样断崖式下跌，着实像一把刀子直直插在我的心口。

记得张爱玲曾说："书是最好的朋友，唯一的缺点是使我近视加深，但还是值得的。"对于大名鼎鼎的作家来说，这句话充满着浪漫主义情怀，但对一个 10 岁的小屁孩来说，视力关系着一辈子的生活质量，我是怎么也浪漫不起来。

我从初中就开始戴镜框眼镜了，工作以后因为要面对镜头，就戴起了隐形眼镜。但眼睛也需要呼吸，不能戴着过夜，每天都得取出来。我到现在都还记得，每次从眼珠上把它抠出来的感觉，酸爽。

后来我得了轻度沙眼，隐形眼镜也戴不了，实在没办法，2013 年去做了激光手术。那天我怀着恐惧，瑟瑟发抖，对手术灯虔诚地发誓——我，坚决不能让女儿走上跟我一样的道路，她的视力，我来守护。于是我尽可能晚一点儿地让她接触电子产品，还控制她看屏幕的时间。

对比各种学习桌和阅读灯，功课做了一大堆，掏空所有的脑细胞，就为给她创造一个科学的学习环境。偶尔我还会幻想，如果有一种药丸吃了就能预防近视，无论多少钱我都要买！前几年听说日本有一种防近视的药丸，我到处托人带。后来亲戚又从中国台湾代购了一种蓝莓叶黄素片，我果断买来让小拍吃。

有次听一个好友说，她因为小时候生吃过蛇胆，所以没近视，丧心病狂的我就差托人去买了。我承认，对小拍视力下降这件事，我真的很焦虑。

增加户外活动

回想这一两年，小拍视力的下降，应该和她阅读时的用眼习惯有关系。虽然她爱看书的习惯是我一手帮她养成的，但她看书时的姿势和对环境的随意，却是我疏忽了。

如今她的阅读口味，就像一台大型杂食机，什么书都看，什么环境都可以看。《丁丁历险记》的漫画书，她来来回回看了不下十遍，书里的字又小又密，还是斜的，我担心时间长了，她会看成斗鸡眼。纯文字的书，她也开始看了，每次都是在哪里翻页，就在哪里坐下来开始看。

我观察她身边的同学，好几个竟也是一模一样的习惯，都已经戴上了眼镜，窝在角落里，昏暗的灯光下，盯着密密麻麻的字，一动不动。看见这样的场景，我已然从当年的欣慰，180°直转到心痛。

有个妈妈跟我说，她的女儿从小学四年级戴上眼镜以后，每年都会增加度数，这样推算下去，熬到高考，眼睛怕是要瞎……听完之后一大团恐惧奔袭而来，我暗自思忖，无论小拍有多爱阅读，都要限制她的阅读时间了。

有科学证明，增加户外活动时间可以预防近视。那就出去疯玩吧，我们的孩子明明是大自然的孩子，却被工业文明锁进了钢筋混凝土之间。

每到周末，我都会拉着小拍和宁宁出门，一天户外活动两次，一次至少一小时。骑自行车也好，游泳也罢，打羽毛球也行，高尔夫也不错，甚至散步都行，总之就是要在外放放风。

约定看书必须在书桌前看

每当小拍在家刚拿起一本书时，我就会特别留意她身体的动向，是不是又一屁股坐下来，忘了我们的约定——要坐在书桌前看书。

因为只有在书桌前，才能保证一拳一尺一寸：写字时胸口离书桌一拳，眼睛离课本一尺（33 厘米），握笔手指离笔尖约一寸（3.33 厘米）。不写字的时候，我叮嘱小拍把书稍稍抬高与桌面呈 45° 角，据说这是预防近视最标准的阅读姿势。

我还时时刻刻记得提醒她，为自己的阅读时间上闹钟，每隔 45 分钟就要去阳台远眺 10 分钟。直接下了禁止令的是我再也不让小拍坐在车上看书了。在快速移动的时候近距离用眼，无疑是自残双目。

我也渐渐体会到，想要守护孩子的视力，执行这套 360° 立体环绕守护工程，要时刻警惕的依然是父母。毕竟坏的习惯已经养成，想改真没那么容易。

以前总强调孩子的阅读是多么重要，如今我痛心疾首地感叹，孩子的用眼习惯同样重要啊。在网上偶然看见几个熊孩子做眼保健操，认真劲里透着喜感，让我差点笑出声来。

但有了血泪教训，我才终于明白，保护视力这项持久又浩大的工程，就应该在这个年纪，内化在孩子们小小的心灵里。从小做起，他们才最有可能远离在"云山雾罩"中过一生的日子。

第六章

多子女：我也是第一次当三个孩子的妈妈

我也是第一次成为三个孩子的妈妈，需要时间来摸索和适应。每个孩子都是我的宝贝，我尽自己所能去爱她们，我做不到完美，也许还会有遗憾，但一切都是最好的安排。

我也是第一次当三个孩子的妈妈

　　妈妈不是神，没有完美的选择，也没有完美的人生，当然更不可能有完美的妈妈。我只需要做一个"足够好的妈妈"，允许自己不完美。

　　宁宁出生后，每天晚上我都在哄宁宁睡觉、喂奶和她叶奶、啼哭中度过。有时小拍拿着故事书来找我，我只能对她说，让爸爸给你读吧。

　　看她不情不愿，嗷着小嘴的样子，我的内心充满了愧疚。

　　是啊，那个曾经被捧在手心里的大宝，终究还是在二宝到来时，免不了被冷落。

每个都想陪

　　到怀老三 Lisa 的时候，宁宁才不到 1 岁，刚刚开口说话的她，一天到晚嘴里喊着"妈妈，妈妈"，可孕前期剧吐、后期太累的我，很多时候也只能狠心地把她交给爸爸和阿姨。

　　本想让宁宁喝母乳到 2 岁，可怀了老三后剧吐，没多久就断了奶。

　　断奶的时候，一开始只要我一抱起她，她就不断往我怀里钻，一给她奶瓶就拼命摇头，身子打挺，哭喊着要 nei nei，那一刻，心疼、内疚、担心一起向我涌来。半夜换尿片，或者半睡半醒我轻拍她的时候，迷迷糊糊的她总会叫一声"妈妈"，等我答应后她又接着沉沉睡去。

看她熟睡的样子，我总是默默地告诫自己，一定一定不能忽略了宁宁。

有次拍爸的表妹来我家，看我挺着大肚子，宁宁又非要爬上来要我抱，在三姐弟中排行老二的她大概是有感而发，说："我们老家有句俗话，'偏大的，疼小的，中间夹个受气的'，你可别让宁宁受气哦。"

我嘴上没说什么，心里却暗暗想着，那是他们老一辈的做法，我怎么会呢，宁宁这么可爱，我心疼都来不及呢。

可一想到生了宁宁后，自己陪伴小拍的时间急剧减少，又有些焦虑，我真的能做到让每个孩子都不被冷落，在她们需要我的时候及时出现吗？

常常分身乏术

现实总是很残酷，老三出生后，全家人的注意力很快被怀里这个软嘟嘟的小婴儿吸引了。

86 天的小 Lisa 就学会了翻身，一家人像发现了新大陆，兴奋地给小家伙拍照。宁宁见状，也跑过来翻个身然后趴在地上，喊着"照相，照相"。

家人看她的滑稽样都哈哈大笑，可那一刻，我这个当妈的却只想哭，才 1 岁多的小不点，就知道要通过竞争来博取大人的欢心，需要想尽办法让大家关注到她，而不是妹妹。

姐姐得了钟爱的《西游记》，一个人在沙发上看得如痴如醉，爸爸忍不住夸奖，"姐姐看书看得真好。"宁宁一听，也马上爬上沙发，装模作样地拿本书看起来，我走过去一看，大字不识的她连书都拿反了，那一刻，一旁的我哭笑不得。

想想小拍 1 岁多的时候，全家人的注意力都在她身上，哪里需要这样想尽办法来争宠。都说老二比老大精，可这个"精"明明是被逼出来的啊。不精明、不狡猾，谁会关注她呢?

一天下来，躺在床上入睡前，我会在心里盘算：今天陪了宁宁一个小时，小拍大概 45 分钟，而小 Lisa 还在吃奶，相对还多一些。对比以前，我可以整晚陪一个孩子，所以每当这时候，我都会有愧疚感，每个孩子我单独陪的时间都太少了。

为了让我多陪一会儿，宁宁每晚睡前都会想各种花招，以尽量延长这段时间。先是讲故事，讲了一个又一个，终于躺下了，又要喝水，喝了水又说上厕所，找安抚的小猫咪，然后关灯，唱催眠曲……

等她终于快要睡着时，耳边忽然传来小 Lisa 在隔壁房的哭声，几乎是一瞬间，我半个身子从床上弹起来。

转念一想，这时候冲出去，前面大半个小时的陪睡工夫就白费了。没用一秒钟，恢复理智的我，又悄无声息地慢慢躺下。

可耳边听着隔壁小奶娃的哭声，我根本无法假装无动于衷，那个百爪挠心，大概只有当妈的能懂，而这一刹那，我对小家伙的愧疚又达到了顶点。

妈妈不是神，没有完美妈妈

周六，宁宁的新伙伴西西被妈妈带着来家里玩。西西妈是新手妈咪，一走进我们家就惊讶地大叫起来："天哪，你们家怎么有这么多好看的书，你太厉害了，宁宁太幸福了吧。"

我笑笑解释："不是啦，这些书是从姐姐小时候就开始买的，我也买过很多不好看的书，现在宁宁是在享受我和姐姐这几年的劳动成果啦。"

说到这里，我忽然就释怀了，整个人都放松下来。

对于宁宁来说，虽然我单独陪她的时间比小拍少了很多，但她能享受的陪伴质量，她能获得的物质和精神财富，都比姐姐多了很多，Lisa 也是一样。

是的，我没有三头六臂，有了三个孩子，分给每个孩子的时间少了很多，可是每个孩子都享受到了更高质量的母爱，也享受到了姐妹间的手足亲情。

8 年前我第一次当妈妈，傻傻的我严格定时喂母乳，看孩子哭得嗷嗷叫却不敢喂，现在的我能轻松地按需哺乳，让孩子舒舒服服吃个饱。

8 年前我第一次当妈妈，孩子湿疹了就手忙脚乱地乱涂抹激素药膏，现在我知道，湿疹只要充分保湿，孩子就不用受罪了。

8 年前我第一次当妈妈，孩子上幼儿园，因为分离焦虑哭闹，我却冲她发脾气，将她推得更远，而现在我知道如何在孩子焦虑的时候更好地接纳她，让坏情绪快速远离我们。

老大享受了父母独有的爱，但也忍耐了新手父母的愚笨。从这个角度来说，谁又能说老大就是最受宠、最幸福的那个呢？

老二夹在中间，想被呵护的时候上面有姐姐罩着，想体验一把当老大的权威，下面也有妹妹当观众。

而老三呢，虽然从出生第一天起就要和所有人分享妈妈，可最小的她始终是所有人掌心里的宝，何尝不是一种幸运。

没有完美的选择，也没有完美的人生，当然更不可能有完美的妈妈。

我只需要做一个"足够好的妈妈"，允许自己不完美，允许孩子体验到挫折和失望，并在之后及时安抚。我无须为某一刻孩子的失落而内疚，更不用为一时的冒失而后悔。

妈妈不是神，也是一个有血有肉有自己需求的人。我也是第一次成为三个孩子的妈妈，需要时间来摸索和适应。

成为多子女家庭的一分子，是她们各自的命运。每个人有自己不可替代的角色，每个人都有自己的幸运和遗憾。我只要尽力就好。

要相信，一切都是最好的安排。

两个孩子争宠要怎么公平对待

　　最好的日常，就是孩子在闹，大人在笑呀。直到她们一个个都长大，再也不屑于打架时，说不定也会怀念自己的童年，曾经这样热闹呢。

　　我正在书房里写稿，突然听见"哇"的一声大哭，紧接着一顿号啕直冲耳膜，一听就知道是宁宁。

　　我差点就要冲出房门，又把自己按住了。客厅里只有小拍和宁宁，还能有什么事，她们一定是又撕起来了。竖起耳朵听听动静，小拍在朝妹妹嚷嚷：谁让你扯我头发，你扯我，我就扯你！

　　宁宁哭声里夹带几个含糊不清的字：痛，好痛，妈妈，哇呜哇呜……

　　唉，这已经不知道是第多少次了。

　　自从宁宁完美进化成"两脚兽"，说话越来越利索以后，她和小拍的冲突也发生得越来越多。也许在小拍心里，她们终于可以平等交流了吧。

　　你打我脸，我就打你屁股；

　　你咬我腿，我就咬你手臂；

　　你扔我书，我就丢你玩具……

　　总之，寸土必争，吃亏不得。

妈妈到底爱谁更多一点

在生老二之前，我也是有心理准备的。都说两个孩子打架，大人尽量别插手。可真的等到身临其境，才发现这是个极大的心理挑战。

幸好我在书房，如果是在客厅正面碰上，我可能还是会忍不住帮小的。

因为她太弱小了，一个一岁半的孩子，和一个八岁半的姐姐打起来，中间隔着 7 年的悬殊角力，场面没有一点观赏性可言，唯一只能用"惨烈"来形容。

但理智也会敲醒我的大脑神经，不能吼姐姐！不能批评姐姐！！不能教训姐姐！！！

理智告诉我，要像个路人一样清醒，要用不带指责和伤害的语气去制止姐姐，还要记得用"事实＋感受"描述："你这样做，妹妹会痛……"

难度真的好高啊！但如果不这么小心翼翼，"战争"是停止了，可让姐姐在"战场"上带了怨气，说不定什么时候就会报复到妹妹的身上。

因为宁宁后来就完美验证了这样的逻辑。三宝出生以后，她就有过几次反常的举动。我喂奶喂得好好的，她站在一旁突然"啪"的一下，居然扇了三宝一巴掌。速度之快，我们几个大人都没反应过来。

结果是外婆一把冲过去抓起宁宁抽手心，还咬着牙狠狠凶她："叫你打妹妹，你怎么这么坏！"

我急忙把吓哭的老三塞给阿姨抱着，把呆住的宁宁拉到怀里，向爆炸的外婆解释："妈，宁宁不是故意的，只是有点吃醋，是我们没关照到她。不要怪她，更不要打她……"

一系列动作靠我的本能一气呵成，但场面还是乱作了一团，宁宁在我怀里哭到断肠，老三在阿姨怀里哭到气短。

恶果到底还是种下了。没两天，我把老三放在爬行垫上，忙完一回头，居然发现宁宁在踩老三的头！有次喂奶，她挥起手臂差点又上来打老三……我再也不敢当着"二祖宗"的面喂奶了，这已经成了一个高危项目。

她们还会用各种花招试探，妈妈到底爱谁，即便我回答了一万遍"都爱"，她们还会换花招接着试探："妈妈到底爱谁更多一点？"

爱是无法计算的

如果你问我，有没有真的爱谁多一点，我会老老实实回答：有啊，当然是小拍。

因为她来到我们身边最早，**岁月增加了爱的厚度。**

可小拍并不这么认为。

当她看见我们抱着小小的宁宁，眼里闪着光说可爱，她会挤过来跺着脚问"我不可爱吗"；

当她听见爸爸一回家就先笑着跟宁宁打招呼，她会埋怨爸爸一点儿都不关心她；

当她发现我正怀抱着宁宁，温柔地讲《猜猜我有多爱你》，本来她自己看书正起劲，一定也会来怀抱里抢一个位置……

我和拍爸都理解她、接纳她，甚至留个心眼迎合她。

总会记得先夸完宁宁，也要夸小拍，没事也找点事情夸；进门一定最先热情地跟小拍打招呼；给宁宁讲故事，要问一句小拍来不来听……

可小拍识破了这一切，有一次她忍不住说："喂，你们的演技好浮夸哦。"

我们哭笑不得，无言以对。

其实她真正想要的，不是公平的爱，而是唯一的爱。扯头发大战以后，我带着小拍去逛超市，看她已经平静下来，我灵机一动，突然想起了龙应台写过的《葛格和底迪》的经典对话。

于是问她："你是不是觉得，我更爱宁宁？"

小拍果然不假思索地答："对啊，你总是护着宁宁，从不对她发脾气。"

我尽量平稳声调，柔和地对她说："小拍，宁宁现在一岁半，还是很弱小的时候，你一岁半的时候，我也是护着你的。"

"是吗？"小拍半信半疑，"那为什么现在不护着我了？"

"因为你长大了，有些事是一岁半的妹妹可以做的，有些事是八岁半的姐姐才可以做的。"

"那什么事是我可以做的？"小拍的脸上还写着一丝警惕。

"看来你忘了，我们上个月是给谁报的夏令营？"

"我。"

"爸爸每次都是带谁去听音乐会？"

"我。"

"是谁想买东西就可以拿我的手机下单？"

"是我……"小拍的头越来越低，声音也变得也越来越小，像个泄了气的皮球。

"这些事，妹妹都做不了对不对？"我寻找着小拍眼神的方向，与她对望。

"对是对，可我有时还是很羡慕妹妹，好想变成她那样……"

"哈哈，看来——你也很想穿上纸尿裤像小鸭子一样走路咯？"我笑着问小拍。

"啊，不要不要，谁要穿纸尿裤！"小拍捏着鼻子跑开了，又在不远处停下，笑嘻嘻地等着我。

我在心里长嘘了一口气，再也不执着要给我的三个孩子所谓"公平的爱"了。**因为她们的年龄不同，对爱的需求也不同，"公平"根本无法计量。**

她们之间也许还是会打闹，还会有战争，但最好的日常，就是孩子在闹，大人在笑呀。直到她们一个个都长大，再也不屑于打架时，说不定也会怀念自己的童年，曾经这样热闹呢。

多子女家庭，先要照顾好老大的情绪

对于多子女的家庭，父母应该定期抽出时间，和每个孩子单独相处，如果有可能，也要有妈妈自己独处，以及夫妻单独约会的精心时刻。

很多育儿书上都说，对于多子女的家庭，父母应该定期抽出时间，和每个孩子单独相处，如果有可能，也要有妈妈自己独处，以及夫妻单独约会的精心时刻。

小拍平时要上学，我跟她约好，每个周六是妈妈单独陪她的时间。于是小拍戏称：周六是咱们的"妈拍日"。

可这么规定下来后，我们一直执行得不太好。老三还在吃母乳，时不时地，我得去给她喂个奶，好歹是亲妈，总不能喂完马上就把人家丢下，还得逗弄一会儿。

小小的婴儿总是那么惹人怜爱，这抱一下亲一下的，半小时一小时就过去了，有时小拍走过来，看我手上正忙活着，又悄悄地一个人回房间了。

2岁多的宁宁更是想甩都甩不掉。只要发现我的鞋子在门口，就开始满屋子找妈妈，把妈妈搜出来，然后就黏在妈妈身上，或是缠着妈妈各种玩。

说好的"妈拍日"得陪姐姐啊，要甩开两个小家伙可不容易。

有时候，我就和小拍躲在她房间里，可刚没开始玩一会儿，门就被宁宁拍得震天响，伴随着她凄厉的哭腔"妈妈，妈妈"，我能怎么办？

哪个当妈的受得了孩子这样哭闹，没办法，房门一开，抱起哭成泪人儿的宁宁，我都不敢回头，怕自己会被小拍失望的眼神击穿。

每到周六，我就恨不得把自己劈成三瓣，每个孩子都想陪，最终却成了猪八戒照镜子——里外不是人。

照这个情况，待在家里我俩是没办法好好享受这个"妈拍日"了，必须走出门去。无意间在朋友圈看到，台湾的林祐竹和朱道兴老师来广州开绘画和书法的亲子艺术工作坊，看起来还不错。我今年 30 多岁了，还没怎么拿过画笔，借这个机会让我这老母亲，也熏陶一下艺术气息。

咨询过小拍的意见，她马上两眼放光，"要要要，我要跟妈妈一起报名。"

看来对小拍来说，重要的不是学什么，而是和妈妈一起坐在教室里当同学，她别提多开心了。

我和小拍商量，中午就不回家了，工作坊提供午餐和教室可以休息，两个人就把饭盒和睡袋带上，下午 4 点半课程结束再回家。

小拍把我拉过来，靠在我胳膊上，"妈妈，我好期待啊。"

我开玩笑："你最期待的是什么，老师的台湾腔？"

"不是，我最期待我俩中午在教室一起午睡。"她抬起头来，狡黠地笑道。

啊，好吧，孩子的想法果然跟我们大人不一样。

我俩开始分头准备东西，笔记本、画笔、饭盒，我还得带上吸奶器、冰包。正收拾着，小拍跑过来，趴在我耳边悄悄问："妈妈，我可不可以带上 iPad？"

　　咦，iPad 好久都不见了，她怎么又找出来了？我假装不经意地问她："你从哪儿找到的？""爸爸昨天骑动感单车的时候在看，然后我就留意他看完放哪里了。"她有些得意。

　　"上课最好不要带这个哦，对老师不尊重。"我开始说教。

　　"上课的时候我不会看的，我是想如果中午我睡不着，然后又没地方玩，我就看看。"她开始坚持。

　　想不到好的理由反驳，我只好默许，心里却"咯噔"了一下。

　　第二天一早，和小拍一起背好包，手拉手去上课。坐在课堂里，听着老师温柔的台湾腔，心也跟随笔下的色彩肆意流动。

　　我俩边画边互相提醒着，远方的天空颜色再淡一点，会不会更美，青青的绿草地上，有光照过来的时候，颜色更明亮。

　　一个上午的时间很快就过去了，吃完午饭，午休的时候大家就一起来到旁边的教室，铺上睡袋或垫子躺下。

　　刚有点恍惚，忽然听见旁边传来动画的声音，小拍在睡袋里，打开 iPad 在看动画片，我隔着睡袋碰了碰她。

　　她轻声说："马上就睡。"虽然声音很小，但心里惦记着让她早点睡，我也一直没睡着，过了一会儿，我忍不住又碰了碰她，低声道："别看了。"

　　她还是没停止，我也不好发作，只好闭上眼，迷迷糊糊间，那边终于没了声音，可还没多久，上课时间就到了。

　　收拾起床，我心里憋着一股气，她的睡袋怎么也叠不好放进收纳袋里，我也不主动帮她。

　　下午上课，我也一直黑着脸，她也不好意思跟我撒娇，两个人别别扭扭，上午温和友好的氛围飞去了九霄云外。

放学后，我们并排走在回家的路上，我的情绪慢慢平静下来，主动检讨打开僵局。

"对不起，妈妈今天下午一直有情绪，对你态度不好，请你原谅。中午午休的时候，听到你在看动画片，我就很不舒服。"

"我知道。"她轻声应着。

"我想了一下，自己为什么不高兴，一个是因为该睡觉的时候你看动画片，我担心你打扰到别的家长和孩子。"

"我把声音开得很小了。"她咬着嘴唇，有点委屈。

"是的，可是我躺在你旁边，我觉得有点被打扰，我很担心中午休息不好，妈妈的偏头痛发作就麻烦了。"

她低头不语。

"还有一点，那么多家长和孩子，别的孩子都没玩电子产品，就你在看 iPad，我觉得有点丢脸欤。"

"不会啊，你的脸就在你的脸上，怎么会丢呢？"她笑嘻嘻地指着我的脸。

"噗！"被她这么一调侃，我也忍不住笑了，这个小家伙，什么时候变得这么幽默了。

不知什么时候，我俩的手又像早上一样牵到了一起。

"你玩别的，妈妈基本上都支持，不过 iPad 我觉得最好还是交给妈妈。妈妈那个同事薇姐你认识吧，她有个女儿。"

"嗯，我见过那个姐姐。"

"今年姐姐 13 岁，上初二了，她也很喜欢玩 iPad，但是她的功课很多，有时候玩着玩着就耽误了写作业，她自己也很着急，就会怪妈妈，当初为什么会把 iPad 给她玩。"

　　"是啊，寒假的时候我也跟她一样，一边玩 iPad，一边担心作业没做完，真的很难受。"

　　"是啊，这不是你们小孩的问题，我们大人也会玩着手机就忘了工作，一边玩一边内疚，耽误了工作就发誓明天不玩，但明天还是照旧。"

　　可能是我这么说让她被理解，她的表情开始放松。

　　"要不，还是把 iPad 先交给妈妈收起来吧。"

　　"好。"

　　她答应得这么干脆，让我有些意外。

　　想起以往我和拍爸，有几次都因为要限制电子产品，双方讨价还价，弄得很不愉快。

　　反倒是这次，可能是我对这件事没有预期，我只是因为午休的事跟她道歉，然后真诚地分享同事的经历，她没有压力，也没有感受到指责，才愿意接受我的建议。

　　嗯，下个"妈拍日"我们去哪儿玩呢？除了阅读、去公园，9 岁的孩子还可以带去哪里玩儿呢，如果你有更好的建议，也可以告诉我哦。

老大、老二抢玩具，我该再买一个吗

对孩子来说，"分享"与其说是一种美德，不如说是一种不断去实践、练习后收获的社交能力。

上周小拍结束了台湾游回到家，9天的别离思念，把我们带回了蜜月期。看来"小别胜新婚"，用在亲子关系上也一样。

但甜蜜的第一晚，就发生了一个小插曲。

我在房间正抓着刚洗完澡的老三穿衣服，小拍抱着她的公主屋气冲冲地站在门口说："宁宁又偷玩我的公主屋了！妈妈你看玩得乱七八糟，我之前摆了好久的！"

好不容易才抓住滑溜溜的老三，小拍这么一吵，一个恍神又让她趁机溜走了。

唉，三个孩子妈的岁月永远都静好不过三小时。

我定定神，回答小拍："这个公主屋是你放在客厅的，妈妈跟你说过很多次了，你觉得可以分享的玩具才放在客厅里，不能分享的玩具就好好地收拾到自己屋子里，这样妈妈会监督宁宁不让她拿。"

小拍有点理亏，气焰弱下来嘬着嘴说："这次是我忘了收了，但有好几次宁宁都偷跑进我房间玩，你也没看住啊。我好多玩具都分享给她了，这个我真的很喜欢，现在还不想分享。"

看着眼前委屈巴巴的老大，又想到老二宁宁眼巴巴地望着公主屋的渴望，难道这又贵又占地方的屋子，我还得再买一个？

公主屋的问题还在我脑子里打转，第二天在楼下陪老二和老三玩的时候，这两个小家伙又因为玩拉拉车争了起来。

老二宁宁玩腻了拉拉车放一边后，老三 Lisa 捡起来玩。

刚走出去几步，宁宁就冲过来抢，边抢还边喊着"扇子扇子给你"，把扇子往妹妹手里强塞。

看到小 Lisa 望着扇子一脸懵的样子，觉得无奈又好笑。

哎，如果多娃家庭有个纠纷危机排行榜，我猜"抢玩具"会勇夺榜首。而"分享"这个词，从父母嘴里说出来的频率，也一定名列前茅。

从老三 Lisa8 个多月变"四脚兽"，开始有了爬行能力起，她就会时不时地动动二姐宁宁的玩具。

2 岁多的宁宁本能反应自然是上手去抢，甚至打几下妹妹，对这个年龄的孩子讲要"分享和友爱"也基本上是对牛弹琴。

她们俩暂时实力悬殊，放任宁宁硬抢肯定不行，那怎么办呢？

我先抓住宁宁打妹妹的小手，指向另一个玩具，让她拿起来跟妹妹说："我们换一个玩好吗？"

刚开始宁宁话还没说完，已经把玩具抢到手了，另一个硬塞到妹妹怀里。但萌呆呆的小 Lisa 哭闹反抗已经小了很多，马上就被新玩具转移了注意力。

反复提醒了好几次后，宁宁发现这招不但可以拿回来玩具，还能得到妈妈的表扬。

冰雪聪明的宁宁这招越用越顺手，有时想要妹妹正在玩的玩具，她就条件反射般拿一个去交换。语气也渐渐从容起来，虽然还是奶声奶气的一句："Lisa，我们换一个好不好？这个也好玩哦。"但越来越有小姐姐样了。

家庭教育最难的地方，在于从来没有一劳永逸的招数。

宁宁刚纯熟地掌握了"交换"技能，但没多久 Lisa 就已经不再是那个愿意随便换的萌妹了。自主意识越来越强的 Lisa，面对二姐塞来的玩具，慢慢学会了拒绝。

这不，宁宁塞来的扇子，她坚决不要，瞥一眼继续往前跑。

我只好赶紧跟宁宁说："她不想交换，你不能抢她的。"

结果宁宁一边叫唤，一边直接跑过去抓住车子不让动。

看来接下来宁宁要面临更难的功课是"等待"。但让一个 2 岁多的孩子学会礼貌地等待，显然是不符合她年龄的期待。

我能做的也只是一次次在一旁提醒宁宁，"这个是妈妈买给你们一起玩的，妹妹先拿到了，宁宁等她玩一会儿，我们先去玩别的好吗？"

一边趁机把她带远一些转移注意力，并且不停鼓励，"宁宁愿意等妹妹先玩，你做得真好。"

一遍一遍地重复，小宁宁一下子懂了，一下子又忘了，当然，偶尔也会冒出来一些暖心瞬间。

最近宁宁已经开始主动给馋猫妹妹投食了，更意外的是刚 1 岁的小Lisa，竟然也学会了拿别的玩具和姐姐交换。

"分享"这个功课做得越深，就越发现不仅仅是教孩子物品共享，

更是从这个过程中去理解尊重与界限。

那些抢玩具鸡飞狗跳的日子，也是她们不得不面对需求和冲突，一步步学会自己解决的日子。

对孩子来说，"分享"与其说是一种美德，不如说是一种不断去实践、练习后收获的社交能力。

我这个当妈妈的，虽然已经身经百战，但每次面对不同的应激状态，脑袋必须飞速运转，才能避免狼狈收场。

在宁宁又一次去姐姐房间搬弄公主屋时，我扶住她的小手说："宁宁，这个是姐姐的公主屋，姐姐最喜欢的玩具，她不同意你弄乱，宁宁可以去玩别的吗？"

小人儿的手继续抓着屋子，愣了几秒钟，说："姐姐不在家，宁宁可以玩，宁宁也最喜欢。这是妈妈买的，不是姐姐的。"

噢，我的二妞还懂得这么多呢。

我于是耐心地对她说："家里大部分玩具都是妈妈买的，你们都能玩。但每个人又可以有一部分玩具只属于自己，这个就是姐姐的，她不同意你玩，妈妈也没有办法。如果宁宁很喜欢，那妈妈也买一个属于宁宁自己的好吗……"

瞥一眼正沉浸在玩矿泉水瓶的老三，我的小宝贝，拜托你最喜欢的千万别再是公主屋了啊！

孩子打架，父母要怎么管

　　两个孩子打架，我们做父母的到底要不要管，看来没办法做到一刀切，全然不管，或者从头管到底，还是得根据两个孩子本身的年龄和孩子的年龄差距来判断。

　　我在宁宁的哺乳期意外怀上 Lisa 的时候，其实脑子里涌现很多声音，但最终决定接纳她来到这个家庭，除了对上天赐予的感恩，我也有点小私心。

　　家里宁宁和小拍两个差了 7 岁，宁宁小的时候，其实她们俩互动并不多，不少有经验的妈妈也说，孩子岁数差得多了，就玩不到一起了，做伴的意义就不大了。

　　我暗自思忖，如果有了老三，跟老二这么近，总能玩到一起了吧。

　　小拍和宁宁两个差 7 岁，而宁宁和 Lisa 才相差不到一岁半，很幸运地，我可以观察到年龄差距不同的孩子是如何相处的，以及我这个当妈的，可以做什么。

　　宁宁 1 岁以前，一切都是岁月静好的样子。可等到宁宁进化成"两脚兽"，在家里乱跑乱动之后，矛盾就慢慢显露出来了。

　　而我这个新手二宝妈，在她们频繁发生的冲突面前，手足无措，很多时候，脑子一热，反而成了引起争端的幕后推手。

　　某天，我和小拍正在吃晚饭，先吃完的宁宁跑去客厅打开了姐姐的水晶泥，弄得满地都是。小拍发现后气势汹汹地跑过去兴师问罪，宁宁还自顾自地玩，不搭理姐姐。

　　被气坏的小拍先扯过宁宁就开始打，宁宁马上"哇"的一声大哭，四肢开始乱踢乱打。

　　姐姐更生气了，从后面抱住宁宁的腰上下乱晃。宁宁被姐姐的双手束缚得丝毫不能动弹，加上有些害怕，哭得越来越大声。

　　我冲上去掰开姐姐的手，一边把宁宁抱过来，一边大声数落小拍，"不让玩可以跟妹妹说，不能动手。"

　　"啊……"小拍开始愤怒地尖叫起来，而每次她那超大分贝的尖叫声，都会让我变得更加烦躁。

　　"请你停止！"我的声音也越来越大。

　　"这些水晶泥是我和同学一起做的，我们做了好久的……"小拍开始边说边哭，声调很高。

　　"我跟你说过很多次了，不想让妹妹玩的东西，就不要放到客厅里，放在你自己房间里，这个水晶泥里有硼砂，是有毒的，妹妹放到嘴里怎么办？"

　　"她有时候也去我房间里拿东西玩。"

　　"她动你房间里放好的玩具，我会告诉她，或者把她带走，但你放在客厅里，我没办法阻止，也不想阻止。"

　　小拍没再说话，不过情绪还是很激动，坐在沙发上，愤怒地看着我。

　　我不再说话，拿了抹布，叫宁宁和我一起收拾地上的水晶泥。

可这小家伙不知道是还在生姐姐的气，还是实在对软软乎乎又有弹力的水晶泥太好奇，竟然又抓起水晶泥抹在头上、裤子上、手上……

本想当个和事佬，结果却引发了一场大战。

几次下来之后，我慢慢意识到，面对这一对 9 岁和 2 岁的姐妹，我的加入通常只会让战争升级。

本来两人只是在抢一个玩具，但只要妈妈掺和进来，维护其中一方的利益，另一方必定怒火中烧。

一个孩子的时候我是家长，两个孩子的时候我就成了裁判？那我有没有可能，当一个公平的裁判？

我试了好几次，发现几乎做不到。比如妹妹抢姐姐的玩具，姐姐打妹妹，我要求妹妹放下玩具，这在妹妹看来，就是在帮姐姐。

如果要求姐姐不许打妹妹，姐姐感受到的，就是妈妈更偏心妹妹。

一旦有人感觉到不公平，战争焦点就会转移并且升级。

身为老二，本就不容易，上有姐姐独宠，下有妹妹觊觎，姐妹夹击的身份不好受，连妈妈也站在姐姐那边，世界简直要崩塌了。除了发脾气、大哭大闹之外，宁宁还有一条发泄的捷径，就是攻击毫无招架能力的老三。

至于老大呢，对多子女家庭来说，拉拢好老大绝对是第一要务。得罪老大，让她感觉到爱被剥夺，简直就是拉响了家里的警报器，冷战、把自己反锁在房间里、大哭一场，让家长和孩子都身心疲惫。

我下定决心，只要不是太严重，当小拍和宁宁发生冲突的时候，做一个冷静的旁观者。

我慢慢发现，小拍已经 9 岁多了，她已经从和小朋友们的互动中，渐渐掌握了很多的社交规则，了解了人与人之间交往的边界。

来到 9 岁这个年龄，也让她在心智上比两个妹妹成熟很多。我暗中观察，发现虽然她也会因为妹妹在她作业本上乱涂乱画朝她吼，会因为妹妹弄散了心爱的乐高而动手打她的屁股，但显然，她下手是有分寸的。

而 2 岁多的宁宁呢，是典型的老二性格，见风使舵、拉拢人心最拿手了，吵架的时候，姐姐的手刚碰到她，就哭得比谁都大声；想玩姐姐的玩具、吃姐姐的零食了，立马变脸，鞍前马后，小嘴巴可甜了。

面对她们两个，只要不是太离谱，少干涉就是最好的解决办法，她们自己会在冲突中学会面对和解决问题。

而宁宁和小 Lisa 呢，坐视不管的话对 Lisa 实在不公平，宁宁常常从她手上抢了玩具就跑，对于还没有行走能力又没学会说话的小 Lisa 来说，只能坐在那里大哭或者尖叫。

而 2 岁多的宁宁还处于社交摸索阶段，如果不适时引导，可能会让宁宁更嚣张跋扈，从而让最小的 Lisa 在欺凌中变成可怜的受气包。

两个孩子打架，我们做父母的到底要不要管，看来没办法做到一刀切，全然不管，或者从头管到底，还是得根据**两个孩子本身的年龄和孩子的年龄差距来判断**。

10 个多月的 Lisa 现在已经可以扶着沙发走了。

某天，她抓过玩具架上的长颈鹿，饶有兴致地摆弄起来。刚午睡起来的宁宁手里拿着自己的猫咪玩具，看到 Lisa 正在玩长颈鹿，走过去一把就抢了过来。

Lisa 被抢走玩具，一下子又失去重心，一屁股坐在爬行垫上，张开嘴，"哇哇"大哭起来。

我赶紧走过去抱住宁宁，对她说："你抢走了妹妹的长颈鹿，她很伤心。"

拿着长颈鹿的宁宁低头咬着嘴唇不语，我抱住她说："妹妹先拿到了，你想玩可以告诉她，或者拿你的玩具和她交换。"

她想了想，转身把自己手上的猫咪塞到了 Lisa 手里。

拿到新玩具，Lisa 慢慢止住哭声。

没过多久，我发现，宁宁还是会抢妹妹的玩具，只是有时候抢走了发现妹妹在哭，会马上从旁边随便抓一个玩具塞到妹妹手里。

如果合她的意，小 Lisa 就不再哭了，但如果玩具不合她的意，或者抢走的是她很喜欢的，她仍旧大哭不止。

有一次，宁宁故技重演，我走过去抱住她，没提她主动开抢的事，只是说："宁宁想和妹妹交换玩具，要先把你的玩具给妹妹，看她是不是愿意，你这样直接拿走，妹妹会很伤心。"

她似懂非懂地点点头，我知道，她不一定下次就能做到，但是我要尝试去帮助她们双方表达自己的需求。

有时候，我会带着宁宁去跟妹妹说："可以给我玩玩这个玩具吗？"虽然 Lisa 不会用语言回应，但是很明显，她能听懂姐姐的意思。

即使听不懂，她也能感受到姐姐的尊重，而不是像之前的暴力抢夺。

有一次，阿姨和我分享她的解决办法，她说，宁宁抢走 Lisa 的玩具，Lisa 大哭的时候，你只要假装打一下宁宁，帮她出口气，她马上就不哭了。

这个方法虽然立马见效，但我想，它除了让孩子学会报复，并不能帮助她们解决问题。

不管是 9 岁的小拍、2 岁的宁宁，还是才 10 个月的 Lisa，她们之间是平等的，没有谁应该让着谁。

从决定要做三个孩子的父母那天起，我就要允许，她们之间除了有呢喃低语、卿卿我我的温情时刻，也注定免不了你追我打、鸡飞狗跳的琐碎日常。

作为父母，我们没办法把自己变成公平的法官，我们也不需要做到所谓的公平，我们能做的，是给每个孩子独一无二的爱。

多用我们的双眼去观察他们的行为，少用嘴巴去评判他们。

有所为，有所不为，这句话，咱当妈的也得牢记心头哇。

三个孩子一起生病是什么体验

肚子饿的时候吃到美食是快乐；疲惫的时候挤上地铁，发现还有座位是快乐……偶尔生一场病，出一点小意外，把生活从日常繁忙的轨道上拉开，又慢慢体会到原来日常的点滴是如此珍贵。

常有妈妈问，三胎的生活究竟是怎样的？十一假期宅在家拍照玩，当时分享了几张三个孩子的照片，引来满满的羡慕。

其实这样的画面，在我们日常里连十分之一都没有，更多的时候就像漫画里吐槽的一样手忙脚乱，鸡零狗碎。

刚刚过去的这一周，过得更是异常艰难，小拍和宁宁都感冒了。以前只有小拍一个孩子的时候，她感冒只要不发烧，没有其他严重症状，我一般也不会刻意处理，鼻涕流几天就好了。

但现在家里有三个孩子，一个感冒，其他两个就很难幸免于难。上个月也是小拍感冒，很快另外两个就陆续被传染，就连还在吃母乳的小Lisa也被传染了，所幸都没什么大问题，一周左右三个孩子自己就好了。

想起小拍和宁宁1岁以前几乎没得过感冒，而现在Lisa才4个多月，就已经感冒了两次，可见手足间的交叉感染实在凶猛。

星期二的下午，宁宁的精神状态不怎么好，晚饭也没怎么吃，我吃完就带着她跟小拍在床上玩。

一会儿小拍准备做作业了，我把宁宁抱起来去客厅。刚到客厅爬行垫上放下，宁宁就开始呕吐。我心想，坏了，别是让姐姐传染感冒了。

收拾呕吐物，发现主要是下午吃的松子，这孩子吃东西不太喜欢嚼，很多松子还是整颗的，心里又祈祷，希望只是吃得不合适，吐了就好了。

结果还没收拾完，宁宁又吐了，一家人手忙脚乱，就这样从7点半到10点多，吐了六七次，到后面只喝水也吐。

拍爸在一旁着急地说，这时候就应该禁食，水也不能喝，可看着孩子吐得浑身无力地靠在怀里，嘴唇也很干燥，却哭着要喝水，当妈的哪里忍心不给喝呢？

可每次刚喝完，就立马吐出来。吐的次数太多，怕她脱水，但家里又没有口服补液盐。

想起以前一个医生推荐过"宝矿力"，既能补充水分和电解质，味道也好些，马上让拍爸去买了几瓶。

刚开始孩子因为太渴，喝得太快，喝下去马上就吐出来了，后来就用瓶盖一点一点地慢慢喝，才没有吐出来。

10点多抱宁宁上床准备睡觉，怕吐到床上不好收拾，我在床上铺好隔尿垫，把水、温度计放在床边，才抱着她躺下。

她也睡不踏实，不停地翻来覆去，哼哼唧唧，当天晚上又吐了三次，每次都得起来换衣服、床单、哄睡，这一夜几乎没合眼。

第二天上午呕吐慢慢停止，到了中午开始发烧。

看着孩子耷拉着脑袋，眼睛时睁时闭，连说话的力气都没有的样子，多希望此刻的她又能像以前一样活蹦乱跳，搂着我喊妈妈妈妈，拉着我跟她一起玩沙子、读绘本。

三个孩子的妈了，平时都很淡定，可孩子一烧起来，却急得什么方法都忘到了脑后。以前也看了好多关于孩子发烧要如何处理的文章，这时候照样六神无主。

烧了三天，超过 39 摄氏度我就给她喝一次泰诺林，体温慢慢降下来，星期六的早上体温又升到了 39 摄氏度，刻不容缓，马上出发去了家附近的诊所。

做了检查，排除了流感，不过医生说，细菌感染很明显，特别是 C 反应蛋白指标超高，如果是在大医院，应该会马上要求静脉注射抗生素。

医生最后说："考虑到孩子体温上升的间隔在拉长，所以先开三天的头孢你们回去吃，如果孩子的状况在好转，三天后复查就可以了，如果吃了头孢还没有好转，建议你们马上去医院静脉输液。"

这是宁宁第一次吃药，虽然是草莓味，但她看着大人的眼神，估计这不是什么好东西，拒绝尝试。想起诊所里给的喂药器，我就把它拿出来，鼓励她，"来，这个很好玩，宁宁可以自己往嘴里喂药。"

她将信将疑，拿过喂药器，往里一推，药就进了嘴里。可能觉得自己很厉害，她马上叫着还要还要，直到把药喝光了还想玩，我就装了水，让她继续玩。

吃了三天的头孢，再去复诊，指标已经基本正常。

谢天谢地，看着孩子慢慢地好转，从躺在怀里一动不动到在家里跑来跑去，从愁眉苦脸到眉开眼笑，从一口不吃到自己扒着碗囫囵下咽，我也长舒了一口气。

每天上班、下班，回到家已疲惫不堪，还要做饭、带孩子，大的要辅导作业，小的要喂奶哄睡，琐碎的日常生活让我们变得毫无耐心。

看着镜子里越来越明显的皱纹，腰上怎么也甩不去的赘肉，有时甚至怀疑自己生孩子干吗。

但就是这样的无常，偶尔生一场病，出一点小意外，把生活从日常繁忙的轨道上拉开，又慢慢体会到原来日常的点滴是如此珍贵。

《次第花开》里说："什么是快乐呢？痛苦消失就是快乐。"

肚子饿的时候吃到美食是快乐；拖着疲惫的身体挤上地铁，发现还有座位是快乐；大冬天钻进暖暖的被窝、烈日下路旁的一片树荫，都会给人带来快乐。

这样想来，我们真要感谢生活中的这些小意外、小烦恼、小问题，让我们放慢脚步，停下来，细细体味生活的五味杂陈。

过去的不用纠结，未来的无须担心，不是有句话说："问题如果有办法解决的，就不用担心；如果没办法解决，担心也没有用。"

"生活要有缝隙，阳光才能照进来。"简单平凡的生活，单纯直接的当下就带着淡淡的喜悦，如果我们不是把快乐一味地寄托于瞬息万变的外部世界带给人的刺激，那么快乐是可以绵长而恒久的。

一桌一椅一家、一餐一饭一食，就是最大的快乐！

多子女家庭一定要做好"一对一"陪伴

特殊时光中，父母在固定的时间内，怀着格外的热情，给予孩子一对一的关注，由孩子来决定做什么，让亲子关系变得亲密又温柔。

每周四下午放学是小拍的钢琴课时间，从 4 点半放学到 5 点 45 分上钢琴课，还有一个多小时。通常我从学校接上她和宁宁，会陪她们在学校玩一会儿。然后送小拍到小区门口的琴行，陪她等到老师来，我就带上宁宁先回家，下了钢琴课，小拍自己再回来。

某天想起下午要赶稿，早上走的时候，我跟小拍说："下午你放学，我可能赶不上接你哦。"

她突然提出来："妈妈，那钢琴课下课了，你要来琴行接我；放学的时候，爸爸来接我也可以。"

我有点摸不着头脑，平常总嫌我陪她不够多，可从放学到上课有一个多小时，她可以不要我在，从琴行到家只要十来分钟，怎么又点名要我接呢？

把我的疑惑一说出来，没想到她来一句，"放学的时候有宁宁一起，那不算你陪我。"我恍然大悟，原来在她眼里，只有和她两个人一对一的单独时间，才叫真正的陪伴。

想起在科恩博士的工作坊上，他说过一段话：**"在多子女家庭里，如果其中一个孩子突然表现得叛逆、不合作、情绪不稳定，那可能意味着你需要和他开启一对一的特殊时光。"**

其实，以前我曾和小拍约法三章，每天放学回家后一直到吃晚饭前的这段时间，是我们俩的特殊时光。我会请阿姨或拍爸带着两小只在楼下玩，就我和小拍两人在家。有时候是她写作业，我在旁边看书；有时候是她帮着我一起准备晚饭，我们边忙活着手头的事边聊天。

通常是她跟我分享在学校里发生的一些趣事，或者是她新学会的一首歌，甚至是刚听到的一个笑话。

而从这个月宁宁开始上幼儿园之后，每天都是两个人一起接送。

把她们接回来以后，一天没见着宁宁，我也会陪着宁宁玩一会儿，这段饭前的特殊时光就这样渐渐消失了，怪不得小拍会要求钢琴课后我单独去接她。

什么是一对一的特殊时光呢？在科恩博士的课程里，是这样说的：

特殊时光，是一个和孩子建立联结的好方法。在特殊时光中，父母在固定的时间内，怀着格外的热情，给予孩子一对一的关注，由孩子来决定做什么。

如果想让特殊时光发挥功效，一定要留意这五个关键因素：

1. 一对一陪伴：一位家长陪伴一个孩子。

2. 全情投入：尤其是不要看手机。

3. 固定时长：可以设一个定时器。10 分钟，半小时或者 1 小时。一整天行不行？虽然这看上去很美好，但现实中却不太可能，没有人能持续专注地保持热情那么久。

4. 让孩子做主：只要不是太昂贵或者危险，让孩子来决定做什么，这可能是最重要的因素。

5. 规律地进行：可以是每天放学后 15 分钟，或者每周 1 小时，让孩子对特殊时光有预期，这让双方都更受益。

看到这里是不是有点儿头大，又要全情投入，又要固定和规律，还要让孩子做主，实在太难做到了。

不过以我实践了几个月的经验来看，好像一切并没有那么难。

我和小拍的特殊时光，并没有严格按照这五个步骤来做，但只要我们有心去做这件事，一样有收获。

最近这段时间，Lisa 的哄睡变得越发困难，半夜也常常醒来哭。貌似 1 岁半左右的孩子都有一段特别怕睡觉的时间，抱她进房间玩还好，一旦发现我要准备关灯，进入睡眠程序，她就开始狂哭。

一想到每天的哄睡战争，我就有些焦头烂额，而因为哄睡的时间太长，再加上夜醒，我不得不向小拍告假，"睡前妈妈不能陪你了。"

小拍的脸马上晴转阴，"你今天都没陪过我，放学回来你就陪宁宁，现在给她们洗完澡了，又要陪她们睡觉，你根本就不管我。"

"Lisa 最近睡得不好，妈妈晚上很辛苦，我想早点哄她睡了，妈妈也能早点睡。"

她不吭声，见她一副爱搭不理的样子，我有点儿生气。

"你们个个都要妈妈陪，妈妈也是人，也有自己的需求，你这么大了，还不体谅妈妈。"

被我这样一激，小拍更愤怒了，"你走吧，哼。"我也赌气，愤愤地走出她的房间。

似乎是感受到我的不安和烦躁，老三的哄睡也变得异常艰难。昨晚，我又硬着头皮走进小拍房间，准备讲一番大道理，意外发现她正在缝十字绣，很漂亮，我忍不住夸奖起她：缝得真好看。她开始跟我介绍自己的作品，"这五个心形代表我们一家人，大的是爸爸，然后是妈妈和我，最后的一排是宁宁和Lisa。"

"这是我们一家人生活在一起，英文是我爱我的家人。"

听她这么说，我很感动，伸手揽过她的肩，低声和她说对不起。

她也一下子柔软下来，说这个十字绣可以做成一个笔袋，之后又邀请我帮忙，"老师让我们想和马有关的成语，我才想出了七八个，妈妈能不能帮我再想一些？"

这可是我的强项，我马上来了劲，一口气想出了十来个，"马首是瞻，千军万马，一言既出驷马难追……"

后来还去书柜上搬出成语字典，最后竟然想出了近三十个和马有关的成语，两个人都成就感满满。

要不是小拍主动提醒我，我都忘了该哄老三睡觉了。

关灯上床，老三照例施展她的尖叫功，我努力保持镇定，边唱催眠曲边哄睡。正当我黔驴技穷，打算就这样静静地看她哭到声嘶力竭时，小拍进来了。她拿着小家伙平时最喜欢的大黄鸭，对妹妹说："鸭子要睡觉了，Lisa陪她一起睡好吗？"不知道是房间多了个人有些新奇，还是大黄鸭的魔力，Lisa竟然停住不哭了。

我向小拍投去赞许的眼神。她抱着妹妹，"姐姐给你唱歌吧，睡啊宝宝睡，啊睡啊宝宝睡，那金丝鸟儿、小花鹿啊都在梦中陪着你……"这是小时候我哄她睡的时候最爱唱的歌，没想到她现在拿来哄妹妹了。我心里一暖，看小家伙渐渐平静下来，我就抱过她，三个人一起躺在床上，我们俩给她唱着歌，就这样，Lisa渐渐地进入了梦乡。

记得我曾写过一篇《多子女家庭，先要照顾好老大的情绪》，可生活中疲于奔命的我却常常把两个妹妹挂在心头。总想着她大了，不能太耽误我有限的时间，却常常忘了，一个杯子续满的小拍，也能反过来帮我一起搞定老三。那天晚上我付出的不过就是十几分钟全身心和她在一起的时光、欣赏她的十字绣、陪她想和马有关的成语，却让我和她之间的关系有了这么大的转变。

想起十一假期的时候，我曾单独带着小拍回了黄山老家三天，这三天也是我全身心和她在一起的时光。回来之后的那段时间，她变得特别懂事。

拍爸羡慕地说，平常的生活把我们好情绪的杯子慢慢倒空了，这一对一的旅行好啊，马上让两个人都蓄满了爱的杯子；以后我们全家都要开展起来，等两个妹妹长大了，以后我们每年都要跟每个孩子一对一旅行。

小拍开始掐着手指算，妈妈单独陪我一次，然后分别陪宁宁和 Lisa，这就三次了；然后爸爸分别陪三个孩子单独旅行，这就六次了。

这是两两组合，还可以每次三个人，比如爸爸妈妈带着我，然后，还可以妈妈带着我和宁宁，然后再带着两个妹妹出去，天哪，这样排列组合下来，我们一家人 365 天旅行也不够用啊。

听得我和一旁的拍爸哈哈大笑。

也许每个孩子都自带守护神

不需要担心，不需要焦虑，孩子在一个适合他的环境中，慢慢就会找到自己的节奏，会摸索出和这个世界温柔相处的方式。每个孩子降生在这个世界，都是自带守护神的。

宁宁上幼儿园已经三四个月了，学校离家有 10 多分钟车程，家里有老三要带，我还经常要写文章，所以接送孩子上下学的活儿，都是拍爸一手包揽。

我会时不时通过微信，和老师交流孩子的在校情况。有时候拍爸接孩子回来，我会忍不住问，"老师有没有说我们宁宁最近怎么样，吃饭好不好，中午睡觉有没有尿床，跟小朋友相处得怎么样……"

拍爸通常都是大手一挥，"老师没专门说，就说明一切都很好，如果孩子有什么状况，她会单独找我们沟通的。"

我不依，有时候他出门我就跟在后面唠叨："跟老师多聊几句嘛。"拍爸就转身回我几个白眼。

宁宁上的是混龄班，3—6 岁的孩子都有，刚刚 3 岁的宁宁几乎是班上年龄最小的孩子。我总担心她这么小，会不会被大孩子欺负。

有一次，拍爸下午有事赶不回来，只能我去接她放学。

接孩子的几个妈妈笑着说："哎哟，稀客来了。"我一听，心里开始内疚起来。

孩子上学这么久，我接的次数实在有限，班上的妈妈们都已经认识好久，打成一团，而我和好几个妈妈都还没打过照面呢。

接到宁宁，看到她和小伙伴们打打闹闹，玩得不亦乐乎，要和老师分别的时候，她紧紧地抱着老师的脖子，两个人亲昵的样子，连我看了都忍不住要吃醋了。

老师笑着说："别的班老师都说宁宁是我女儿，到哪里她都跟着我，这个小家伙好让人疼。我倒是想有个女儿，就把她当女儿好了。"

回家路上，我问她，老师这么爱你，你是不是好幸福？她笑着说，豆豆也爱我，轩轩也爱我，我寄几也爱我寄几。我被她最后这句逗笑了。

晚上翻班级群里的消息，老师发来几张照片，我才发现宁宁和老师之间真是太有爱了：比如讲故事的时候，直接瘫在老师怀里；比如老师在教小朋友们做风筝，大家都在一边看，她就在老师凳子上，一会儿上一会儿下……

看着这些照片，我心里不由感慨万千，果然每个孩子出生，都是自带守护神的。

怀老三的时候，因为孕吐，10个月的宁宁就被强行断了奶。才1岁5个月，妈妈的怀抱就被妹妹抢了，对宁宁我一直有愧疚感。而拍爸老家那句"偏大的，疼小的，中间夹着个受罪的"，也总在警示我。

我一再告诉自己，不能因为有小的，就忽视了陪伴宁宁，为此专门立了 flag。

可现实就是这么残酷，会哭的孩子有奶吃。

对我来说，小拍一直都是家里的重点保护对象，她一再说明，妈妈每天都必须有专门陪伴她的"特殊时光"。

1岁9个月的老三呢，当然更不可忽视，谁让她最小，还有副大嗓门呢。一言不合她就亮开嗓子大哭，全家都得投降，在她眼里，只要她想要的都是她的，妈妈，当然也必须是她一个人的。

只有宁宁，怎么都行，爸爸陪也行，阿姨带也好，自己也能玩好一会儿，她真的很好带。像宁宁这样自己就能玩好久，对撒泼打滚兴致不高，斗智斗勇也真的很少，我这有限的注意力，自然分配不到她身上。

特别是她上幼儿园之后，拍爸负责接送，晚上姐姐要求必须单独陪她半小时，老三哄睡也让我伤透脑筋，宁宁这样好伺候的孩子，自然就交给拍爸"粗放管理"了。

算下来，我一天陪伴她的时间实在少得可怜。

我以前还会焦虑："时间久了，宁宁会不会不喜欢我这个妈妈了？"有时候还会瞎琢磨，"哎呀，从小妈妈陪得少，会不会心理上有什么创伤啊？"

特别是最近看了那句话："幸运的人，一生都被童年治愈；不幸的人，一生都在治愈童年。"我更是担心自己的精力跟不上，会让孩子感觉不到母爱。

可现实中，我发现，夹在中间的宁宁，虽然平日不声不响的，却能和周围的人都相处得很好。

自己一个人也能玩很久，这可是10岁的大姐现在都还没掌握的技能。她能独立玩耍半个小时；自己吃饭，还照顾妹妹吃饭，虽然喂着喂着，就把妹妹的饭扒到自己嘴里，还跟妹妹说，看姐姐怎么吃。

她一张小脸上写满认真，对自己当姐姐的身份，似乎也特别享受呢。

想想觉得自己好傻，我在担心什么呢，我 3 岁的女儿，她不仅会自己吃饭、穿衣服，还会照顾妹妹。

跟周围的小伙伴相处得很融洽，也有那么爱她的老师，在家里和姐姐妹妹虽然也会吵架，但玩得开心的时候也不少啊。

唯一比别人少一点的，可能就是妈妈陪伴的时间没那么多。

可她不是各方面都好好的嘛，从这个角度想，我这个妈不仅多虑，还很自恋，人家也有自己的世界，妈妈的陪伴，只是一方面而已。

更何况，陪伴的时间只是一个方面，更重要的是陪伴的质量，每天哪怕我就跟她玩 10 分钟，只要我们享受这段时光，对彼此，就是莫大的滋养了。

我越来越相信，每个孩子降生在这个世界，都是自带守护神的。

不需要担心，不需要焦虑，孩子在一个适合他的环境中，慢慢就会找到自己的节奏，会摸索出和这个世界温柔相处的方式。

第七章

亲子时光：孩子的世界最纯净

孩子的世界是最简单纯净的，开心就要大笑，难过就大哭，天真美好。怎样才能走进他们的世界呢？用爱陪伴，你会惊讶地发现，撑起他们美好世界的人，原来就是自己呀。

宝贝还没长大，就已经会保护妈妈了

"妈妈，我好怕。"我把她搂得紧紧的，嘴里念叨着："妈妈会保护你。"
"我长大了，也要保护妈妈。"她回应着。

这两天广州的气温直接飙到了 36 摄氏度。晚饭后，我拎起臭烘烘的宁宁去洗手间冲凉，刚打开洗手间的门，只见满屋子的飞蚁四处乱飞。

我吓得大叫起来，怕它们会跑进房间，赶紧拉着宁宁从洗手间出来，使劲儿关上洗手间的门。

刚逃出生天，还没回过神来，就发现房间的地上也已经有好几只飞蚁，更糟糕的是，还有一些正沿着门缝从下面爬进来，怎么办，怎么办？

本来看到各种爬爬的虫子，就浑身起鸡皮疙瘩，这时看到满地的白蚁翅膀，害怕、紧张、恶心一齐向我袭来，我急得一把从衣柜里翻出几件衣服来，堵住门缝。

我意识到，这种飞蚁其实就是白蚁，如果不处理会蛀掉家里的木制家具。

之前手机上存了一个除白蚁的老板电话，不管三七二十一，我拿起手机一边拨电话，一边用拖鞋拍打地上的白蚁。

电话接通了，可那头传来的声音让我陷入了绝望，"现在师傅们都下班了，最快也要明天才能过来，紧急的话可以自己先去超市买瓶除虫的药。"

先别管什么除不除虫，这满屋正在飞的我该怎么收拾啊。平时大小姐当惯了，除了孩子，家里里里外外出了状况，都有拍爸这个全能选手出马搞定。

今晚他带小拍去听音乐会了，结果就碰上这破事，又急又怕，几乎陷入绝望中。

忽然，阿姨抱着 Lisa 进来了。阿姨是个胆大心细的人，做事也特别利索，不像我，胆小又磨叽。看到我的囧样，她把 Lisa 塞到我手里，叮嘱我，"你带两个孩子去客厅，把房间里的灯先关掉，白蚁是趋光的，灯一关它就不往房间里跑了，我去洗手间里收拾。"

带着两个娃在客厅里，我回想着刚才的惊魂一幕，依然心有余悸。

好一会儿，阿姨出来了。我边赞叹阿姨临危不惧，一边打趣说，你耳朵还挺灵的，咱们房间隔这么远，还都关着门，你都能听到我在里面大呼小叫。

阿姨说，我哪儿听得见，我正哄 Lisa 睡觉呢，宁宁打开门说，阿姨，妈妈房间里进来好多飞蚁，妈妈好害怕，你快去看看吧。

天啊，我完全忘了宁宁的存在！从发现白蚁我就陷入了应激状态，吓得忘了家里还有人可以去求助这回事。

从我在衣柜里到处翻衣服堵门，再到给别人打电话求助，我几乎把身边这个小人儿也给忘了。

我的眼里只有"白蚁"这两个字。她什么时候出去找的阿姨，又是什么时候进来的，我通通没留意到。

我转头看着这个才 2 岁多的小不点儿，又欣喜又惊讶，她才这么小，就已经会自己想办法帮妈妈了。

我表扬她，你今晚做得真棒，会主动帮我去叫阿姨过来帮忙，不然妈妈可着急坏了。她得意地笑笑，又有些害羞。我搂过她紧紧地抱着。三个孩子当中，她是最需要宠爱，却又是常常被我们忽略的那个。

还记得生老三之前，小拍姑姑念叨过他们陕西老家的一句话，"偏大的，疼小的，中间夹着个受罪的"。

我心里暗暗想着，那是他们老一辈的做法，我怎么会呢，宁宁这么可爱，我心疼都来不及呢。

可时光荏苒，那个捧在手心里才几个月的小宝宝，终究还是被有意无意地冷落了。

老三生下来的第五天，我抱着小 Lisa 喂奶，一旁的她冷不丁就给 Lisa 头上来了一巴掌，打得老三松开嘴"哇哇"大哭。

外婆看到，拉过宁宁的小手就打，"不可以打妹妹"。那一刻，我的心痛得揪起来。

2 岁以后，她说话越来越利索，大家给她起了个外号，"小管家"，特别爱管事。什么意思呢？就是她特别会察言观色。小拍和我一样，都属于注意力有限的人种。

记得以前在单位上跟同事、领导一起吃饭，有的同事特别有眼力见儿，领导的茶喝完了，马上给倒上，领导的手脏了，立马奉上纸巾，我就只会自己在一边埋头苦吃。用拍爸的话说，我和小拍，眼里都没活儿。可宁宁不一样，大人的一言一行她都看在眼里，记在心里。

天热以后我打算就不给宁宁穿纸尿裤了，有天午睡起来，我跟她说，咱们把纸尿裤解了吧，她来一句"不要，万一尿在裤子上就麻烦了"。

　　我莞尔，这肯定是哪个大人无意中说了一句，被她听到，就记在心里了。

　　2 岁前后有段时间，带宁宁下楼去玩，她总是表现得特别强悍，比如她拿着一个玩具，旁边的小朋友想玩，人家的手刚碰到她的玩具，她就一把推过去，搞得我频频跟人赔不是。

　　关系比较熟的几个妈妈打趣说，果然是上有姐姐下有妹妹的老二，生存能力特别强。谁想做捍卫自己的小勇士，哪个小女孩不想做那个被人捧在手心里的小公主呢？

　　太懂事的孩子，总让人莫名心疼。我也只能尽自己的努力去爱她。

　　给老三喂奶的时候，她可以坐在旁边安安静静的，放学的时候，带着她一起去接姐姐。

　　楼上正在装修，每次听到震耳欲聋的电钻声，对声音特别敏感的她，就会摇摇晃晃地跑过来扑到我怀里，"妈妈，我好怕。"我把她搂得紧紧的，嘴里念叨着"妈妈会保护你"。

　　"我长大了，也要保护妈妈。"她回应着。

　　宝贝，你还没长大，就已经会保护妈妈了。

假如让爸爸来带一天孩子

拍爸总是有千万种办法让自己爽起来，孩子也好端端地撒欢闹腾，我居然有点佩服他了。

我要是两天不在家会发生什么？

孩子还小，还在怀里屎尿屁的时候，拍爸可能会喊头疼，但现在已经有股神秘力量支撑着他，大手一挥："你不在家更好，我带着三个娃想干嘛就干嘛。"

唉哟，好大口气，那我就放心去上我的课了哦。

五一四天假期，我报了两天的课程，去深圳上小儿推拿课，想着能不能学点皮毛，让三个娃少生点病。

去上课的第一天下午，小拍的夺命连环 call 就打过来了。

我本来不打算接，天塌下来找爸爸，找我也没用呀。但是她一点也没有放过我的意思，电话被她震到飞起，我只好认输，跑出教室去接。

"妈妈，宁宁哭得好厉害啊。"电话一接通，就响起了宁宁熟悉的惨烈哭声。

"发生什么事了？你爸爸呢？"

"爸爸去打高尔夫了，我找不到他。"

"阿姨呢？阿姨在不在家？"

"在呢，但是宁宁不要阿姨……"

我白眼瞬间翻到了髋关节，说好自己带孩子的拍爸，竟然不带孩子还一个人出去享受？放心让阿姨一个人看三个孩子？

感觉到身体里有团火正要喷出来，但形势由不得我发飙，我故作镇定地让宁宁接电话。

"宁宁，是不是你起床以后，找不到爸爸，所以哭了呀？"

能问出这个问题，也是鉴于我对拍爸长期的了解。他总是喜欢偷偷摸摸地出去，天真地以为孩子会像个傻子一样，当做什么事情没发生过，该干嘛干嘛。

"嗯，爸爸不见了，妈妈也不在，我要妈妈，我要爸爸，呜呜呜。"

我硬着头皮和宁宁聊了几句，慢慢的，她哭声小了，我也松了一口气。

本来还想着找拍爸算账的，我慢慢冷静了下来。想想这是他的一贯风格啊，他自己要先爽了，带孩子才能爽起来。

下了课，和他通电话，他激动地说，我就出去了一个小时，一个小时啊，能换来五六七八个小时的风平浪静一片祥和，是不是超值？

呃，好吧，我能说什么呢。

第二天，我继续上课，也没管拍爸的带娃计划。

中午照例电话询问，拍爸在电话里得意又浮夸地和我说："哇，我吃了一餐新疆面，好吃到爆，等你回来，带你去吃一次。"

"新疆面？你哪来的工夫去吃新疆面？"

"我去打了个羽毛球，带宁宁一起，打完球，就吃了个新疆面呀。"他一副理所当然的语气。

要放以前，我又控制不了体内的洪荒之力了，但这一次，我似乎有一点可以接受？

"那小拍去哪了？同学家吗？老三跟着阿姨？"

"对呀，对呀，怎么样？我这个安排是不是天衣无缝？"

服了服了，拍爸总是有千万种办法让自己爽起来，孩子也好端端地撒欢闹腾，我居然有点佩服他了。

如果换作我在家，拍爸去上课，会是什么场景呢？

那绝对是一大清早就要开始上演三娃抢妈宫斗剧，我一个人还要分成三瓣，不是在和老大斗气，就是在安抚老二的魔鬼哭，要么就是应付老三的 502 宇宙粘。

累得四脚朝天，灵魂出窍，怀疑自己在"人间炼狱"，三个娃也没见得有多开心。

我琢磨着，为什么我学不会用拍爸这种方式带孩子呢？

光是带宁宁打羽毛球这关，在我这里可能就过不去。

让她在球场边上玩，她可能要全程喊妈，或是一溜烟跑到球场上捣乱，为了她的安全，又得把她拎下场，时不时还得陪她玩一会儿，还哪里有空打羽毛球。

我问拍爸："那你打球的时候，宁宁就乖乖在旁边玩吗？"

"我给她看小猪佩奇啊，让她在场外捡羽毛球啊，玩羽毛球拍啊，反正就让她有事做嘛。"

嗯，拍爸的确一直如此，因为他重视自己的需求，总是能想到兼顾带孩子的办法，也没那么多条条框框。

不像我，一听到孩子喊妈，第一时间就是忘掉自我，乖乖投降，走进娃的世界。

可拍爸真的勇气可嘉，吃完新疆面，下午把三个孩子集结成队，居然浩浩荡荡带她们去逛了一次宜家。

这在我心底，想都不敢想！周末的宜家，堪比菜市场，一拖三，是送死的节奏。

然而，拍爸给我发照片，小拍推着 Lisa，他推着宁宁，井然有序，不吵不闹，简直是天使下凡。

他还偷偷给我发语音说："小拍照顾两个妹妹，照顾得可好了。"

我的天，这就是爸爸的厉害之处吧。

他不会像我似的小心翼翼，生怕孩子磕着碰着，他只会像个领队似的大步往前走，三个孩子不在人群中乖乖团结起来，紧跟爹的步伐，怕是爹都找不到了。

当然，以上画面全凭我的猜测，拍爸最擅长的还是讨女儿们开心。

晚上我回到家，小拍迫不及待和我分享："今天我们每个人都吃了一个宜家甜筒，太好吃啦！"

宁宁和 Lisa 也笑眯眯地扑过来撒娇。

换做在以前，我会沉浸在评判中，忍不住唠叨拍爸两句：老带孩子干些不靠谱的事儿。但现在，我看见了孩子们愉悦的状态，全家轻松的氛围，也彻底接纳和诚服，感谢正躺在沙发上刷手机的拍爸，所做的这一切。

学会放手，放过他人，也放过自己。这就是幸福的味道吧。

下雨天，和孩子一起把日子过成小诗

　　感谢我的孩子们，通过她们，让我看到了另一个世界。那个离大自然更近，土地更松软，植物更鲜艳，动物们都带着灵气的世界。

　　看《周末画报》做过一个小调查，问：

　　"如果生活中某个气味可以变成一瓶香水，你希望会是什么气味？"

　　结果出现频率最高的是，下雨的味道。

　　有夏天突降暴雨时，热气与水汽的冲撞；有下雨时，潮湿空气的味道；有雨后的小树林里，草地土壤散发的清新气味……

　　看到大家对下雨的味道爱得这么专一，有点儿意外，真的有这么多人喜欢下雨？

　　有一个说法是，相比进入文明社会的两三千年，之前人类200万年的狩猎生活留下的反射更深入基因。所以，当雨水的气息袭来时，古老的大脑会唤起惬意愉快的感受。这种惬意，或许来自下雨时可以躲在洞穴休息，不需要出去狩猎的慵懒感；或许来自雨水充足意味着植物发芽、果实丰收的乐观预期。

嗯……难怪孩子们会那么喜欢下雨。

作为人类幼崽，大概比成年人离古老的记忆更近，所以他们爱雨，更是爱得深沉吧。

最近广州天气变幻莫测，经常是前一秒还晒得眯人眼，后一秒就狂风大作，米粒一样的雨"啪啪"地往下掉。对大人来说，带孩子出去玩儿难度剧增。但对孩子来说，惊喜指数"噌噌"上涨。

在这个黑压压的台风天，突然在想，下雨的时候，该和孩子一起玩些什么呢？每次雨大到不能出门，动如脱兔的小拍的精力无处释放的时候，我们家就会翻出跳绳。大大小小先一起把客厅清空，绳子甩起来，小拍飞进去。

不管跳得怎么样，全家都像被点中了笑穴，不自觉地全程咧大嘴。

跳一场下来，总感觉脸比手更酸。

宁宁已经长到了帮忙甩绳的年纪，眼神崇拜地看着大姐，小脑瓜是不是在想，怎么才能一夜之间长出姐姐的大长腿呢？

小 Lisa 激动得又走又爬，偶尔不明觉厉地拍拍手，她还真的会叫"拍拍"了哦，在给大姐鼓劲吗？想来等孩子们长大后，这根跳绳一定要好好珍藏，这里面灌满了我们全家的笑声。

但大清早或者午睡时间千万不能跳，不然楼下邻居就要急得跳脚了。那来点安静的吧，这个彩虹雨游戏是小拍和宁宁最最喜欢的。

找来一个透明的水杯，在里面装上水，然后把泡泡放在水上。泡泡是她们自己搓沐浴露搓出来的，经常一到这个环节就失控，全家都会变泡泡人。泡泡比水轻，所以会浮在水面上。然后拿出各种颜料，稍微兑一点点水，挤在泡泡上面。屏住呼吸，神奇的事情即将发生！

五彩缤纷的雨从泡泡云里滴下来，美得眩晕吧。这时候已经懂很多的拍大姐就会跟宁宁讲："你知道吗？这就是下雨的原理，颜料比泡泡重，所以会滴下来。下雨也是，雨水太重，云朵承受不住的时候，就滴下来啦！"嗯，没有白对着她念十几次。

宁宁又是崇拜的小眼神，不停地说："还要！还要——chi！"然后整个客厅的地板也变成了彩虹色……一个小建议，玩的时候，全家都记得换上防滑拖鞋啊，别问我的老髋骨是怎么知道的。看窗外不再狂风大作，开始下零星小雨的时候，穿戴好装备，放娃归雨中吧！

最最日常的样子，就是孩子在小水坑里不停地踩来踩去。以前我会自己打把伞在一边看着，少到十分钟多到一个小时，除了赶赶零星的蚊子实在是无聊得很。直到这一次，宁宁盛情邀请我："妈妈也来啊，一起。"

"妈妈没有鞋，宁宁才有雨靴，宁宁的雨靴，妈妈穿不了。"

"哦，那你要记得买一双雨靴啊，买一双这么大这么大的雨靴！"

好吧，等到下一次，我也全副武装上试试。最好，还能约上大脑也爱古老反射的妈妈们一起，原来下雨真的很好玩啊。

脚底下是这么软的，水从脚底溅出来的一瞬间，有种做 SPA 般的舒畅感。

把几片叶子或者掉落的小花放在水沟上，蹲在一起，每人认领一条"小船"，谁家的小船会先漂到目的地呢？

但就算全副武装，有时候也要注意。比如雨天的时候玩滑滑梯，就是个危险项目。

有一次宁宁吵着要滑家门口的滑梯，雨衣上的水加上滑梯上的水，让光滑度级别暴增。宁宁"嗖"地滑下来，我来不及反应，她已经结结实实地狠狠摔了一个大屁蹲……

这是印象里唯一一次雨天出去玩大哭，还哭到不能自已。

雨天里还会有很多小生物，我家的小区蜗牛多到惊人。

一到雨天，每走一段就能看到它们横在小径中间。那些在雨里赶路的人，一不小心就会踩到它们。

有一段时间，拍爸雨后会带上小拍和宁宁，把小径中间的蜗牛挪一挪，放进旁边的草丛里。

"救人一命胜造七级浮屠"，那救蜗牛一命算得上几级呢？反正终归是好事吧。

挪到最后，两个小妞也会忍不住带回家一两只。

小拍学了一个"蜗牛画家"的游戏，把蜗牛放在颜料上蘸一蘸，然后放在白纸板上。等个几分钟再来看，就能收获一幅后现代印象派大作了。

记忆里应该还有很多雨天的小时刻，但暂时藏起来了，一下子不能全部找出来。越写越觉得，好感谢我的孩子们，通过她们，才让我看到了另一个世界。**那个离大自然更近，土地更松软，植物更鲜艳，动物们都带着灵气的世界。**

你那儿也下雨了吗？跟着孩子们，带着雀跃的心情，一起出去踩踩踩吧！

如果你的孩子也喜欢养小动物

她还给刺猬起了名字，一只叫奶糖，一只叫皮皮。看着她把小刺猬捧在手心里，和它们说话的样子，觉得那一刻的孩子真可爱。

我曾经写过一篇文章，历数小拍从小到大养过的动物。

天上飞的小鸟，地上跑的兔子、仓鼠，水里游的金鱼、小鸭，都不曾逃过她的魔掌，我仍然记得，那篇文章的结尾是这样的：

给孩子养宠物，为了培养孩子的爱心？责任感？不不不，其实我想说的是，如果你一时冲动就把小动物抱回家，那么宠物的吃喝拉撒屎尿屁，全是你！的！事！

之所以发出这样的感慨，是因为每次把小动物带回家的时候，孩子都信誓旦旦说会自己照顾动物，每天给它喂食、清理、打扫卫生。

然而残酷的现实却是，过了头两天的新鲜劲，别说打扫，就是小动物本身，也无法激起孩子的好奇心了。

为此，洁癖拍爸没少跟小拍吵架，通常对话如下：

"为什么又不打扫，把阳台弄得这么脏？"

"我明明打扫过了！"

"你看，这里，这里……"

小拍怒目而视，说不出话来。

"你不打扫就别养，下次再让我看到没打扫我就把它丢了！"

"爸爸，我讨厌你！"

我只好跑来当和事佬，"小孩子哪能打扫这么干净，每个人的卫生标准不一样啊，你不能拿你自己的标准要求孩子，她做了就不错了。"

见我来帮腔，拍爸更是气鼓鼓，一边用力挥动着扫帚，一边愤愤不已，"哼，每次养动物到最后都成了我的事。以后要养别的动物，我绝对不答应！"

我在一旁补刀，"那每次都是谁带她去花草虫鱼市场买的呢？"

拍爸立即泄了气，不说话了。

在养动物这件事上，我一直是个旁观者，我大概有"绒毛动物恐惧症"。

每次小拍来和我交涉要养动物，我都是表示理解，但绝不松口，她只好转头求拍爸，不用几个回合，拍爸就会宣布投降："好好好，我下午带你去买，但你要自己照顾它。"

可几乎每次，那对从花鸟虫鱼市场兴奋而归的父女，都逃不了为新进家门的小生命相互怨怼、相爱相杀的结局。

直到三年级上学期的一次义卖活动以后，小拍养小动物这件事才真正有了转机。

当时班上有同学卖刺猬，小拍被刺猬那可爱的样子萌坏了，又对我俩软硬兼施，要求带回家养。

拍爸又一次妥协了，但前提是小拍必须自己负责清理，这回就差让小拍写保证书了。

自此，小拍每天起床第一件事，就是去阳台上看看她的小刺猬，给它们喂食、换水。下午放学回家后，又给它们换刺猬沙，清理它们的粪便，之后放它们出来在阳台溜溜弯，才回房间写作业。她还给刺猬起了名字，一只叫奶糖，一只叫皮皮。看着她把小刺猬捧在手心里，和它们说话的样子，觉得那一刻的孩子真可爱。

有时候她还会招呼同学朋友，一起来家里参观刺猬。有一次在经过老师允许之后，还把刺猬带去学校给同学们看。

知道小拍爱刺猬，今年过生日的时候，老师还专门画了一只刺猬送给她。

这学期，小拍学到人和动物版块，班主任安排在农庄养了鸡鸭鹅，每天由班上的两位同学轮流照顾。

即使是过年期间，大家也需要轮流安排时间去农庄。老师还把任务进行了分解，让照顾动物的同学们可以照做。

①清洗干净两个装食物的盆，接一点干净的水把剩饭弄湿弄散，分成两份放在两个盆里，每个盆加入一个小铁盆的饲料和半盆稻谷，最后全部混合在一起，最好是稍微有一点湿，但又不会有多余的水泡着；

②清洗装水的水壶，装满干净的新鲜水；

③把爱心小水坑灌满水，旁边就有水龙头；

④反复仔细数数，是否所有鸡鸭鹅都在？公鸡 1 只，鹅 2 只，鸭 6 只，母鸡 10 只；

⑤认真观察和检查，是否有的不精神，或者可能已经生病了？如果有，请第一时间告知老师，请老师帮忙处理。

可没过两天，小拍放学回家有些闷闷不乐。我一问才知道，原来同学们一起负责照顾的 2 只鹅不知怎么死了。晚上老师在班级群里告知了这件事。

老师说，发现 2 只鹅没有生命迹象后，先请了一位养鹅经验丰富的老人帮忙查看鹅的死因，然后她就带着孩子们一起到农庄为 2 只鹅举行了安葬仪式。

孩子们有的挖坑，有的运鹅，每个孩子都为它们添了土，还焚烧了孩子们在班上为它们写的诗和祝福；最后大家安静虔诚地等待冉冉的青烟全部飘散，用土将焚烧的灰盖住才依依不舍地离开。

回到班里之后，老师又带着孩子们一起讨论这件事。

有的孩子提到，可能是卖鹅的人为了赚钱，给鹅多喂了食物，把鹅撑死了。

说到这里，孩子们都很气愤，老师借此和孩子们讨论了要怎么做人，社会中是好人多还是坏人多，我们自己要做什么样的人……孩子们各抒己见。

听老师在班级群里的分享，我深深地感慨，这真是一位会通过生活中的小细节去教育孩子的老师，也让我明白，原来可以通过养动物，和孩子讨论这么深的话题。

不知是孩子慢慢大了，更能承担自己的责任，还是因为在班上要照顾鸡鸭鹅这件事锻炼了小拍。我发现在照顾小刺猬这件事上，她也变得越来越有耐心和办法，也几乎没有因为卫生的事情，和爸爸发生冲突。

可惜好景不长，有一次，小拍把两只刺猬拿出来在阳台上玩耍的时候，一时没留神，有一只竟然找不到了。

全家人找遍了家里各个角落，也没有发现刺猬的身影。

当天晚上，小拍拿了一些刺猬的粮食洒在家里不同的角落，想着晚上夜深人静的时候，刺猬会不会跑出来找吃的，如果食物有动过，说明刺猬还在家里。

　　可惜第二天起床的时候，她把每个角落都仔细检查了一遍，粮食丝毫没有被动过的痕迹，我们都猜测刺猬是顺着阳台上的水管跑出去了。

　　在这之后，不知是因为孤单，还是天气太冷，另一只刺猬也离开了。

　　发现小刺猬没了呼吸，小拍跑来抱着我抽泣起来。

　　如果是以往，我又会忍不住唠叨起来，都叫你不要养了，每次养的动物都没有好结果。

　　可看她梨花带雨的样子，我也很心疼，我让她像在班上那样，把刺猬带去小区比较僻静的地方，给它挖个坑，埋起来，如果以后从那路过，还可以去看看它。

　　回来后，小拍写了一则日记：

　　今天早上我发现我的奶糖死了，我很伤心，也很自责。下午，我把它埋了起来，就在楼下，我想告诉它，我爱它，也很想它，对不起！

　　别伤心了，生活要向前看。

　　不过，世界上可以有起死回生吗？

　　看到她写的日记，我心里也为之一动，不过看到那句"生活要向前看"，又不由地觉得感慨。

　　果然不像她的纠结妈，人家心宽得很，希望将来遇到大事的时候，你也能记得这句"生活要向前看"哦。

和女儿吵架后，我们反而更亲密了

爱有很多种，吵架也是其中一种。和孩子之间的冲突并不可怕，在冲突中我们更加了解对方，又在一次次的和解中，我们的心靠得越来越近。这些都是我们独一无二的回忆。

下午 5 点多，手机响了，一看是小拍从学校打来的。刚接起来，先是一阵嘈杂声，一群孩子们在说话，过了一会儿，听小拍在那边说："妈妈，我今天想去可心家玩，好不好？"

"今天不行哦，今天外婆和大姨来了，还有西西妹妹也来了（我姐的二宝），外婆特别想见你呢。"

"不要，我要跟同学一起去可心家玩。"

"你今天放学不是有漫画课吗？外婆她们今天要回去的，特意等你漫画课结束哦。"我不死心，继续劝。

"我今天不想上漫画课了，就要去可心家。"听她的语气，不用说，她现在嘴巴肯定噘得老高。

这下我生气了，什么漫画课本来我就不赞同她报，结果她自己非要报，报就报吧，还动不动就翘课。

我开始强硬起来，"要不就上课，要不就回家见外婆，人家等你一整天了。"

　　"我不回来。"啪，小丫头竟然把电话挂了。

　　我彻底恼了，小拍平时作业不多，放学后经常呼朋唤友，今天去你家，明天来我家，我也从来不干涉。你老娘我够民主了，怎么今天让你妥协一次就不行?

　　我憋着气继续忙我的工作。过了好久，小拍姑姑在微信上告诉我，小拍跑去我工作室了（工作室就在家隔壁一栋楼里），还在工作室打开我电脑看《王牌对王牌》，就是不回家。

　　我心里的火苗刚刚熄得差不多，马上又燃起来了，狂拨她电话，"你在干什么?""我不告诉你。""你准备多久后回家?""再等一个小时。""不行，那时候外婆就走了，前几天你还说想外婆来着。妈妈给你20分钟，不回来后果自负。"

　　话音还没落，那头她又挂了电话。

　　看我在生气，外婆自己跑去工作室找她，过了一会儿，她俩一起回来了。我假装没看见她。饭桌上，我埋头吃饭，平时会帮着她夹菜，现在也赌气不管她。小拍就边吃边跟外婆她们嘻嘻哈哈，时不时偷偷拿眼神瞧我。我吃完了给宁宁洗澡，然后给老三喂奶，哼，我忙得很，没空儿跟你生气，也不想搭理你。可能自知理亏，玩的间隙她跑来给我做了几个鬼脸，我假装不为所动，心里暗自得意：小样，知道错了吧。

　　吃完饭送走老妈老姐她们，阿姨在洗碗，拍爸跟他的朋友们放飞自我去了，我抱着老三陪宁宁搭积木。刚玩一会儿，宁宁叫起来："拉臭臭，拉臭臭。"

　　平时听宁宁说要拉臭臭，早就跑得没影儿的姐姐竟然主动跑过来，把坐便器给妹妹放上，然后帮她脱裤子抱上马桶，还拿来几本故事书，帮妹妹解闷，逗得妹妹好开心。

准备上床睡觉了，宁宁在喝奶，她赖在我身边，"妈妈，我想跟你们睡。"

我故意逗她，"你今天很不划算啊，就任性了一下子，得哄妈妈这么久，付出这么多，好辛苦啊。"

她不好意思地笑了，"我愿意。"

"嗯，妈妈想知道，你和同学有什么计划吗，你一定要去她家？"

"其实也没有，我就是看有其他同学要去她家，想去凑热闹。"

"妈妈很少跟你说'不'，今天是外婆来了，而且专门等你。"

"我知道，我本来想说去她家一小会儿，然后早点回来的，可是你听说我不上漫画课就生气了，我就不想说了。"

"是的，妈妈本来也想着，既然你想去就去，然后早一点回来。可是听你说漫画课也不上，我就接受不了了，漫画课是你自己强烈要求上的。"

"嗯，可我只是这次不想上，以后不会啦。妈妈，我们存档吧。"

好吧，我伸出手，抱住我的小女孩。

存档是我和小拍从《爱情公寓》里学来的约定，里面的悠悠和关谷为了让二人间的感情不被生活中的摩擦、争吵给消磨，建立了这么个规定：

只要双方都同意，可以将二人的争执暂且存档，然后和好如初，等有时间、有精力去解释和分析二人之间的问题了，他们再读档，把矛盾化解。

想想10年前，我和拍爸准备结婚，仗着比他年纪小，我也提出约法三章，其中有一条就是"吵完架你要主动来哄我"。这么多年过去，虽然没能次次做到，但我偶尔提起来，人家也会"嘿嘿"一笑，"好啦好啦，求你原谅我吧。"

记录下这件小事，是想说，和孩子之间的冲突并不可怕，就像跟另一半，我们也会吵架、会冷战，但吵完了我们又在一起互诉衷肠，指天发誓。

就在这样的冲突中，我们更加了解对方，又在一次次的和解中，我们的心靠得越来越近。

亲爱的宝贝，你终究会明白，正是这些独一无二的回忆，造就我们之间牢不可破的关系。

爱有很多种，吵架也是其中一种吧。关了灯，我们三个并排躺下，妹妹已经不知什么时候先睡着了。

"我说话算数哦，你做错事情后果自负哦，iPad 被我藏起来了。"我摸着她的头发，斜着眼"嘿嘿"笑着说。

"我早就看到了。"

"啊？"

"你藏的地方就那几个，我早就知道啦。"她把头埋进我怀里，胳膊搂着我的脖子，嘟起嘴笑着撒娇，"晚安，妈妈。"

晚安，宝贝。

6 岁的儿子说"我有女朋友了"

"我要认真对待他的感情，因为对于他来说，第一次'恋爱'是这个世界上最严肃的事情。"

问了几个当妈的朋友，如果你 6 岁的儿子，跑回家很严肃地跟你说："妈妈，我有女朋友啦，我很爱她！"

你会作何反应？

有的说："哈哈，我家臭小子有这么厉害，我也是服气的……"

有的说："小屁孩小小年纪就谈'爱'，肯定当不了真。"

还有的说："是不是到'婚姻敏感期'啦，过一段时间就好了……"

我不死心地追问，孩子是很严肃的哦，不打算认真聊一聊吗？妈妈们不约而同地回我，有没有这么夸张，6 岁懂什么啊？

会问这个问题，是因为最近看到的一个很有意思的小故事，给了我不少启发。

美国一个妈妈在一家新闻网站上分享自己的经历，她 6 岁的儿子有一天放学回家，就对她说了这样的话。她的反应呢？既没有嘲笑儿子，也没有贬低他，还很认真地和孩子聊起了这个话题。

你喜欢那个女孩什么呀？

你们在午餐的时候聊什么啦？

课间休息的时候，在操场一起玩什么游戏？

她说："我要认真对待他的感情，因为对于他来说，第一次'恋爱'是这个世界上最严肃的事情。"

但她也不仅仅止步于讨论这些问题，**她更大的目的，其实是想灌输自己的价值观。**

这位妈妈从来不会称呼那个女孩叫"你的小女朋友"，她不想让儿子对那个女孩有轻佻的感觉，也不想对儿子开玩笑说，以后长大还有大把女孩可以追。

她尊重一个 6 岁孩子的感情，也想让他明白，我们需要尊重女孩的意见、尊重她们的身体。

"我们总觉得男孩子，在高中或者大学，接受性教育课程的时候才开始告诉他们，要尊重女性。但现在我的儿子有女朋友了，我就有办法，**可以在他理解的层面上，跟他说'尊重''同意'这些概念啦。"**

在接下来的日子，她还时不时地找机会聊起儿子喜欢的那个女孩，6 岁的儿子也在一次次的聊天中，**渐渐懂得了什么叫"尊重"，什么叫"同意"。**

他知道，如果他想拥抱女孩，要事先问问女孩的意思。

他知道，如果用"我的女朋友"来称呼女孩，是不礼貌的，在和别人谈论起她时，最好用名字。

他也意识到，假如他要送女孩礼物，他要做的是耐心等待她的回应，而不是穷追不舍地询问或是送更多的礼物，因为这可能会给对方造成很大的压力。

很多时候，我们都高估了孩子的语言能力，而低估了孩子的理解能力，6 岁的孩子，也是可以理解"尊重"的含义的。

我真心佩服这位美国妈妈，她找准了一个小小的切入点，把自己关于异性相处的价值观，无比自然地传递到了儿子的精神世界里，让他轻易接受并照做了。

暗自感叹，这就是为人父母的智慧和艺术啊，润物细无声，有心而无痕。

想到我们总是很急迫地想要给孩子灌输一些我们认为很重要的东西，但德国哲学家施泰纳说：所有的教育都是自我教育。

孩子作为一个独立的个体，他只吸收他愿意吸收的部分。

自从打骂孩子这门传统手艺禁用以后，为人父母，更多的精力就花在——什么时候对孩子说、怎么对孩子说，孩子才能听我的？

而寻找生活中的"可教时机"，就变得至关重要。

我也是在和孩子们相处时慢慢发现，找准"可教时机"，对孩子说的寥寥数语，可能比平常唠叨一百遍的效果要好到爆。

记得有一次，我给小拍和宁宁买了一个娃娃屋。两姐妹高兴坏了，围着娃娃屋开始玩过家家。

看着她们两个人坐在客厅里，你一言我一语地投入在游戏里，感叹真是世界上最美的画面，我的心头都开满了花儿。

小拍玩得正兴起时，说了一句："啊，我怎么觉得我有点儿口渴。"

宁宁立马直起她的小短腿站起来，奶声奶气地说："姐姐，我去给你倒水。"说着就"啪嗒啪嗒"跑去倒水的地方了。

我站在旁边看准机会插了一句话："哈哈，小拍，你看妹妹真的好爱你哦，你也要好好爱妹妹啊。"

小拍喜滋滋地看着我，得意地说："那是当然啦，我也好爱妹妹的。"

宁宁听到，也"咯咯咯"地笑个不停，扑到姐姐身上。

两个孩子的可爱泡泡，都要挤满整间屋子了。

可天知道，她们关系坏的时候，吵架、打架，武力级别能把客厅掀翻。如果等她们打完架，我再跟小拍说："你不能这样对妹妹，妹妹很爱你的哦。"

小拍大概会白眼翻到髋关节："屁咧，妹妹哪里爱我了。"说不定还会历数妹妹的各种罪名，让我的话无从说出口。

是的，想要加深姐妹之间的联结，不是在她们关系有裂痕时，硬拉一条线去强迫对话；而是在她们都深在联结中时，为她们的美好点滴再轻添一丝笔墨，她们的感情也会来得更隽永。

我一直都很重视姐妹之间的互助友爱，这个朴素的价值观，就这样在她们的日常中渐渐注入了。

仔细总结生活中的"可教时机"，其实没什么特别的，我大概把它分成三类：

1. 孩子心情好的时候

因为这样的时刻，孩子的心会更开放，我们说的话、想传递的价值观，孩子都更有地方去容纳。

2. 和孩子共同关注的时刻

比如一起看绘本，一起看视频，一起听音乐，一起遇到了一件什么事。

记得以前和小拍逛街，路上遇到有陌生人向我问路，我回答完以后，又跟小拍重申了那一句，你看，陌生的大人如果需要帮忙，是会向大人求助，而不会向小孩求助的。

小拍把这句话记得特别牢。

3. 孩子提出问题的时候

每当孩子提出问题，她有可能是真的困惑，有可能是寻求帮助，还有可能是提出怀疑……稳妥的做法，我会试着反问她，那你是怎么认为的呢？

当孩子说出了她的观点，我才能了解她到底想问什么，以及她对这个问题了解多少，而这样的"可教时机"具体要"教"什么，也变得更为精准了。

以前有个妈妈问我，小莉，要怎么才能走进孩子的心里？

我无奈地笑了笑回答说，这得问你的孩子呢。

其实只要用心观察，每位父母都能找到自己孩子的"可教时机"，它能带我们悄无声息地走进孩子的心里，轻轻播撒一颗颗种子。我们是园丁，而不是木匠。

宅妈怎么和孩子一起爱上大自然

只有从孩子小的时候就坚持每周带他们去亲吻大自然，用他们喜欢的方式，爱上大自然的每寸土地，他们才会在自然中焕发活力。

和好友闲聊，她问我："周末会带孩子出去玩吗？"

我点点头："现在每周六都会带孩子去大夫山，已经坚持几个月了。"

她满脸羡慕，又叹了一口气："我这个老母亲到了周末，只能一个人去健身。"

我问："你女儿呢？"

"除了写作业，就是玩手机约同学逛街看电影喝下午茶……"

我有点惊讶："才 14 岁哦，怎么感觉就已经是在过大人的娱乐生活了？"

好友语气里有点无奈："没办法啊，我叫她跟我出去爬爬山，她没兴趣。不过，你们去大夫山玩什么呢，除了爬爬山，骑骑车，孩子不会腻？"

我哈哈笑了起来，好友问我的问题，就是以前的我问拍爸的问题。

以前我这个"死宅"妈妈，最不喜欢出门了。带孩子打卡最多的地方，就是小区楼下的大沙坑，走路不过 20 米，再远一点，就是 50 米远的滑滑梯了。

若是超过 500 米，我就会像超出服务区一样，脑子信号都不好了，各种搞不清方向。没办法，不喜欢带婴儿推车出门的老母亲活动半径就只有这么小。

倒是拍爸，很喜欢带小拍去大夫山骑车，但不管他们说得再怎么天花乱坠，我"死宅"坚决不参与。

后来，自从上了波特曼体育游戏工作坊，我的运动细胞大大地被唤醒了，竟然开始变得愿意尝试在户外放放风了。

特别是带着新买的跳绳在大夫山玩玩，这座在广州平平无奇的大山，让我找到了童年跳绳的感觉！常常到最后都体力不支，累瘫在现场。

拍爸还叫上同学朋友带孩子一起来加入，在山里的体验活动就更丰富了。因为游戏的团队大了，能玩的游戏也更多。

我们人最多的时候，四个孩子跳同一根绳。

刚开始，大家有点没找到诀窍，试过几次以后就知道，要在绳子刚刚晃过头顶的时候进去，然后赶紧跳起来，节奏就对上了。

孩子们玩起来特别投入，他们轻盈的小身板跳起来毫不费力。

我默默感叹，以前给他们展示生命活力的机会还是太少了呀。

小拍单人跳绳的时间也越来越久，不说速度要练得有多快，光是能跳这么多花样，也是每周去一次大夫山熏陶的结果。

没想到，仅仅是带了一根跳绳去大夫山，我们的活动方式就发生了天翻地覆的变化。

拍爸和他的同学更是从一根绳子，启发出了拔河的游戏。为了让孩子更踊跃地参与，他们居然设计了 1 对 4 的"残酷"对决。

宁宁在队伍最前头贡献自己的一份力，然后是其他三个小朋友，最后居然真把拉得快劈叉的拍爸给赢了。厉害！

孩子们一个个累得气喘吁吁，还蹦得三尺高地欢呼，赢啦赢啦！兴奋和快乐都写在一张张小脸蛋上，是童趣洋溢的色彩。

一米七五的壮汉拍爸，下场之后还讪笑着跟我解释："我没用全力啊，真没用全力，如果真用全力，他们肯定拉不过我。"

我和他同学，对视后不戳穿他，呵呵呵呵地笑了一脸。

后来，拍爸还拿跳绳在一颗大树下绑了个秋千，中间用一个波特曼游戏用的橡胶圈当座椅，宁宁玩得高兴坏了。

虽然有些游戏她还参与不了，但荡秋千就绝对不在话下。

除此之外还有爬树，捞鱼，打扑克，扔沙包，飞飞机……每次一个项目就够玩好久。

他们天生是大自然的孩子，在草地奔跑，在林间漫步，在小河里淌水……不论做什么都能像快乐的蝴蝶扑腾扑腾，不停歇。比起在商场逛街看电影喝下午茶，我其实更喜欢这种在大自然放松自己的方式。

不论是身体还是心灵，都能在空气新鲜的大山里，在广阔的蓝天白云下，得到滋养和洗涤，尤其是生活在压力这么大的时代。

这是一种生活方式的选择吧，但我不能把这种选择硬塞给孩子。只有从她们小的时候，就坚持每周带她们去亲吻大自然，用她们喜欢的方式，爱上大自然的每寸土地。

希望很多年后，当她们有了大人的模样，也依然愿意再去闻闻大自然的味道，去创造一些她们那个年纪爱玩的游戏，乐在其中，就够了，而不是沉迷在电子屏幕中，沉迷在五光十色的商业文明里。

毕竟，人，天生属于大自然呀。

当妈十年，我学会的那些事

亲爱的，外面没有别人，只有自己，生活就是道场，解药就在自己身上。

给小拍新买的衣服到了，我打开快递，在身上比划了一下，天啊，我好像都能穿下了，我嘟囔了一句，把它递给小拍。

她穿上新衣服，往我旁边一站，叫起来："妈妈，我都超过你肩膀啦！"

那一刻，我有点恍惚，20多年前的某一天，那个还是小女孩的我，也常常喜欢站在妈妈旁边，用手比画着自己的头顶是不是超过了妈妈的肩膀。

瞬间生出些感慨，人生啊，就是这样的轮回往复，当年那个小女孩，已经成了另一个女孩的妈妈，而她，竟然已经当妈整整十年了。

十年前的此刻，挺着大肚子的我有些忐忑，满脑子里盘旋的问题是：究竟要顺产还是剖腹产，顺产到底有多痛，我这么怕疼，会不会到时候呼天抢地啊……

对我来说，这个新生命会如何到来是最重要的事，而她来了以后会怎样，比如从此告别整夜觉，每天的主题就是婴儿的屎尿屁；比如熬夜喂奶，而身边的爸爸却鼾声如雷时会有多崩溃；孩子哭闹不已你却束手无策……这些问题，是一个孕妇还无法想象的。

从一胎再到二胎、三胎，这十年，我都经历了什么呢？

原以为生孩子已经是世界上最痛的，可生完才发现，涨奶，乳头被吸破还得继续哺乳，产后痔疮、肛裂，哪一样都不比生孩子好受。

小拍 1 岁多时，我带着她去长隆野生动物园，回来的时候她睡着了，我就一路抱着她，以前连矿泉水瓶都要拍爸开的小女生，却抱着 20 几斤的孩子走了 2 公里。

之后，我就肩颈劳损得厉害，每次一背点重东西，肩膀就酸痛大半天。

当然，这些身体上的疼痛无论再痛，都是暂时的，用六六的话说，这是去西天取经才出了长安城，之后的漫漫长夜，和孩子的沟通交流，和孩子爸爸、公婆的磨合，才是那九九八十一难。

有人说，婚姻里最难的时候，是孩子 3 岁前。那三年，我和拍爸几乎把这辈子会吵的架都吵了。

有一次气急了的我，跑去房间翻出结婚证，撕了个粉碎。

前两天和拍爸聊起这段往事，他还打趣说："你那会总说要离婚，你把结婚证都撕了还怎么离，离婚可是要先拿结婚证的。"

回想起这十年，我们从地上的一根头发丝要不要捡都能吵，再到如今，有了三个孩子，生活中处处都是坎，但我们吵架的频率却越来越低。

小拍一两岁的时候，我妈曾经放话："你们现在就为这点小事吵，将来孩子大了还有得吵呢。"那时候的我很疑惑，真的会这样吗？

很庆幸，不断成长的我们走了另一条路。

不是我们强迫对方做出改变，而是我们真正认识到，家，不是讲理的地方，很多事情也没有对错，但因为爱，我们要多包容、多理解。

直到小拍 3 岁上幼儿园，从满怀欣喜地把她送去幼儿园，再到后来持续近一年的分离焦虑，打死我也没想到，她每天早上上学都哭得稀里哗啦。

那些时刻我还记忆犹新，孩子死死抓住沙发不肯去学校，被我妈强力掰开一个个小手指，扛在肩上，一路放声大哭走到幼儿园。

那个叽叽喳喳、爱笑爱闹的小女孩仿佛一夜间消失了，如果说之前的育儿之路还算顺利，孩子上幼儿园这件事给了我一记响亮的耳光，一度让我几乎陷入抑郁。

我开始真正去了解，儿童，究竟是怎样一种生物，我买了大量的绘本和心理学书籍拼命啃，慢慢走上了自我成长的道路。

小拍快 5 岁时，因为给孩子读绘本，自己也爱上了绘本，加上大学读的播音专业，一时兴起开了个公众号和大家分享自己和孩子读过的绘本。

没想到一发不可收拾，一下子拥有了好几万粉丝，于是从报社辞职，专心做起了这份自己喜爱的工作。

每天在公众号里和大家分享自己带娃的心路历程，再之后，有了自己的工作室，既乐享其中，又如履薄冰。

有一天小拍突然问我："妈妈，你说我以后会不会接你的班，做个小拍讲故事的公众号，和你一样写文章分享给妈妈们，讲故事给小朋友听啊。"

我笑了，"你怎么会想这么长远的事？"

"今天老师带我们去参观了饼印木艺。那个老师傅说，他已经是他们家做月饼饼印的第五代传人了，他做的饼印特别美，我觉得他很厉害。所以，我就想也许我也可以做你的传人啊。"

"好啊。"

虽然我才回答两个字，但这段对话让我回味了很久。

这两年，公众号阅读也在不断下降，在这个瞬息变化的时代，三年五年后，还会不会有人看公众号都是个未知数。小拍的梦想，突然让我有了一种更深的使命感。

小拍7岁时，有了老二，接着又有了老三。从一个孩子到三个孩子，我感受最深的除了身体上的疲累，还有精神上的负重。

其实，多一个孩子并不像只是添张嘴多双筷子的事情，它意味着之前家里的每个成员都多了一份关系。

老二和老三的关系，老大和老三的关系，妈妈和孩子的关系，哪个环节处理不好，家里的矛盾冲突指数就会成几何级增加。

第一次当三个孩子的妈妈，当看到孩子们之间争宠，我从火上浇油，无可奈何到试着去理解。

婴儿总要妈妈抱，妈妈也总是优先考虑小宝宝的需求，可为什么老大如此依恋妈妈，总跟妹妹们过不去？

当我试着换个角度看，小拍已经10岁了，她在这个家里和父母朝夕相伴的时间最多只有8年，之后她就会独立，有自己的世界。而我怀里这个小屁孩，她还有很久很久才会离开家。

在这个家里，小拍是最先来的那个，但也是最早要离开我们，走向广大世界的那一个。

如果孩子是那个来父母家里做客的客人，我为什么不能给那个最先要走的客人多一点拥抱呢。

这一两年，各种机缘巧合，我也走上了心灵探索和成长之路。

都说育儿即育己，可为什么读了那么多书，走了那么多地方，懂了那么多道理，却依然连自己都无法把控，依然不断陷入愤怒、恐惧、纠结等各种情绪。

我慢慢发现，原来"孩子才是我们的老师"这句话，不仅因为孩子让我们看到这个世界真善美的一面，还因为我们借由和孩子的相处，借由给孩子寻找合适的教育，才渐渐认识到——原来这背后所有的问题，都来自我对自己的疑问：

我作为一个个体，我究竟是谁，我来自哪里，要去向何方？不断地探索这些终极的人生命题，教育孩子这件事也就自然而然地发生了。

亲爱的，外面没有别人，只有自己，生活就是道场，解药就在自己身上。

我想，这是十年间，因为孩子，我学到的事。

今天，我的孩子 10 岁了，在生下她之前，我只是一个 20 多岁的女孩，在那之后，我成为了一个妈妈。今天，我的孩子小拍 10 岁了，我作为妈妈也 10 岁了。

生日快乐，我的宝贝。

我们的第一个十年，是我牵着你的手，拥你在怀里读书，带着你看世界；

下一个十年，你会比我长得更高，做我没做过的事，看我没看过的书，还会去我不曾去过的地方。

那么，就请多指教喽。

当你真正看见孩子，他们才能安心做自己

　　周末，亲戚一家来我们这儿玩。9岁的堂妹果果和小拍是好朋友，在家捣鼓了一会儿后，两人提议要去外面的游乐场玩。果果爸爸说他可以把宁宁带上，三个孩子一起出去玩。小拍一听，立马不乐意了，叫道："不行，叔叔不能带宁宁去。"

　　"为什么不行，叔叔带她玩，又没让你带她玩？"一旁的我连忙插话。

　　"就是不行，她只能玩那些无聊的旋转木马，我们要玩大孩子玩的。"

　　"不影响啊，游乐场设施都在一起。"

　　"哼，要带她去，我就不去了。"她坐在沙发上，一副皱眉生气的样子。

　　一刹那，我仿佛看到自己胸口那团火又要蹿上来了。

　　"你不去就别去，让宁宁跟果果去。"我的嗓门很大，把我自己都吓了一跳。

　　叔叔和拍爸都上来当和事佬，好说歹说，小拍跟着叔叔出门了，留下我在家气得半天回不过神来。

　　拍爸问我，至于这么生气吗？我反问我自己，为什么小拍犯别的错我都可以理解，唯独在怎么对妹妹这件事上，我总是跟她过不去。

　　想来想去，大概是因为我当初生二胎初衷之一是想让老大有个伴，怎么到头来，妹妹反倒成了她的仇人。

　　生完小拍之后的三四年，我丝毫没有动过生二胎的念头，生产时的各种惊险，产后大出血都是其次，哪个当妈的不是好了伤疤忘了疼呢。

反而是妊娠期剧吐，在我脑海里留下挥之不去的阴影，每天从睁眼就开始作呕，每分每秒都像在晕车，什么都吃不下，吐到只剩下胆汁，体重掉到 70 多斤，实在是终身难忘。二胎？那是想都不敢想的事。

可小拍四五岁以后，情况开始有一点变化，幼儿园班上很多孩子都陆续有了弟弟妹妹，她也时不时在我耳边吹风，妈妈，我也想要妹妹。

我一直记得，有天我去幼儿园接她放学，她和好朋友涵涵手拉着手出来，涵涵妈妈推着才几个月大的妹妹来接她。一见到妹妹，涵涵挣开小拍的手，跑过去，又是亲又是摸，小拍跟上去，也准备摸摸婴儿的小脸蛋，可涵涵却一把推开她："不行，这是我妹妹，你不能摸。"

小拍委屈地一下子大哭起来，和好友不欢而散。回家的路上，她一边哭一边拽着我的衣角，妈妈，我也想要妹妹。看着孩子挂着泪珠的小脸，那一刻，我内心开始动摇了。

想想我自己也有姐姐，从小一起长大，而小拍以后只有一个人，我和拍爸在很多次沟通后终于决定再生一个。

怀上老二后，果然又吐得生无可恋，唯一支持我撑下去的，就是那个信念：孩子以后也有伴，不会再孤单了。

可现实却啪啪打脸，她们两个相差 7 岁，宁宁还是小婴儿的时候，小拍偶尔心情好，会来逗逗妹妹，大部分时间视而不见。我心想，等宁宁稍微大一点，她们应该能有更多积极的互动。

等到宁宁 1 岁多，会走路后，就开始跟小拍抢玩具，抢吃的，抢妈妈，小拍时不时表现出对妹妹的不耐烦，有时甚至大打出手。

我有些怀疑，是不是再大一点，宁宁会自己玩了，她们姐妹就会更亲密些。可现在宁宁 3 岁多，她们在一起岁月静好的画面并不多。我越来越发现，孩子没问题，问题出在我身上，生个老二给老大做伴这个动机，反而是妊娠期剧吐，在我脑海里留下挥之不去的阴影，每天从睁眼就开始作呕，每分每秒都像在晕车，什么都吃不下，吐到只剩下胆汁，体重掉到70多斤，实在是终身难忘。二胎？那是想都不敢想的事。

可小拍四五岁以后，情况开始有一点变化，幼儿园班上很多孩子都陆续有了弟弟妹妹，她也时不时在我耳边吹风，妈妈，我也想要妹妹。

我一直记得，有天我去幼儿园接她放学，她和好朋友涵涵手拉着手出来，涵涵妈妈推着才几个月大的妹妹来接她。一见到妹妹，涵涵挣开小拍的手，跑过去，又是亲又是摸，小拍跟上去，也准备摸摸婴儿的小脸蛋，可涵涵却一把推开她："不行，这是我妹妹，你不能摸。"

小拍委屈地一下子大哭起来，和好友不欢而散。回家的路上，她一边哭一边拽着我的衣角，妈妈，我也想要妹妹。看着孩子挂着泪珠的小脸，那一刻，我内心开始动摇了。

想想我自己也有姐姐，从小一起长大，而小拍以后只有一个人，我和拍爸在很多次沟通后终于决定再生一个。

怀上老二后，果然又吐得生无可恋，唯一支持我撑下去的，就是那个信念：孩子以后也有伴，不会再孤单了。

可现实却啪啪打脸，她们两个相差7岁，宁宁还是小婴儿的时候，小拍偶尔心情好，会来逗逗妹妹，大部分时间视而不见。我心想，等宁宁稍微大一点，她们应该能有更多积极的互动。

等到宁宁1岁多，会走路后，就开始跟小拍抢玩具，抢吃的，抢妈妈，小拍时不时表现出对妹妹的不耐烦，有时甚至大打出手。

我有些怀疑，是不是再大一点，宁宁会自己玩了，她们姐妹就会更亲密些。可现在宁宁3岁多，她们在一起岁月静好的画面并不多。我越来越发现，孩子没问题，问题出在我身上，生个老二给老大做伴这个动机，

当你真正看见孩子，他们才能安心做自己

周末，亲戚一家来我们这儿玩。9 岁的堂妹果果和小拍是好朋友，在家捣鼓了一会儿后，两人提议要去外面的游乐场玩。果果爸爸说他可以把宁宁带上，三个孩子一起出去玩。小拍一听，立马不乐意了，叫道："不行，叔叔不能带宁宁去。"

"为什么不行，叔叔带她玩，又没让你带她玩？"一旁的我连忙插话。

"就是不行，她只能玩那些无聊的旋转木马，我们要玩大孩子玩的。"

"不影响啊，游乐场设施都在一起。"

"哼，要带她去，我就不去了。"她坐在沙发上，一副皱眉生气的样子。

一刹那，我仿佛看到自己胸口那团火又要蹿上来了。

"你不去就别去，让宁宁跟果果去。"我的嗓门很大，把我自己都吓了一跳。

叔叔和拍爸都上来当和事佬，好说歹说，小拍跟着叔叔出门了，留下我在家气得半天回不过神来。

拍爸问我，至于这么生气吗？我反问我自己，为什么小拍犯别的错我都可以理解，唯独在怎么对妹妹这件事上，我总是跟她过不去。

想来想去，大概是因为我当初生二胎初衷之一是想让老大有个伴，怎么到头来，妹妹反倒成了她的仇人。

生完小拍之后的三四年，我丝毫没有动过生二胎的念头，生产时的各种惊险，产后大出血都是其次，哪个当妈的不是好了伤疤忘了疼呢。

蒙住了我的双眼，让我看不清孩子的本来面目。

　　相比较小拍和宁宁，看到宁宁和 Lisa 掐架，我则平静得多。一方面她们俩还小，而且两个就差 1 岁多，不打架才不正常呢，她们只要不太过分，我就假装没看见，除非哪个哭着来找我，才会抱抱安慰几句。

　　可小拍比宁宁大那么多，看到小拍对妹妹下狠手，我马上血压升高怒火攻心，除了她们之间的年龄差距不同之外，我觉察到自己在面对小拍时，其实有一种讨债心理，我的内心总有个声音：我生二胎这么累，就是为了让你有个伴，可你却不领情。这种期待上的落差让我陷入了困境，也无形中为她们的关系蒙上了阴影。

　　生个老二给老大做伴，其实是我自己的一厢情愿，当我带着这样的心态去养育她们时，这种潜藏的期待也成了她们生命中不能承受之重。

　　每个孩子都是独立的，她们之间的相处模式会受父母影响，但她们与生俱来的性别、年龄、个性、爱好，才是关键。

　　是的，如果再有朋友问我，要不要为了给老大做伴再生个二胎，我一定会赶紧告诉她，能不能做伴，要看孩子自己的缘分。

　　如果是养儿防老，或者是别的目的呢？其实万法归宗，当我们带着各种不同的功利心去要求孩子，我们已经看不到孩子本身了，我们看到的是自己的期待，是头脑中的幻想。

　　生活不会朝你预设好的剧本去演，期待落空、幻想破灭，肥皂泡破裂是大概率事件。

　　曾经看过一段话，我们要孩子是为了什么：

　　传宗接代？养儿防老？刚刚在书里看到一个很感动的答案说："为

了参与一个生命的成长，参与意味着付出与欣赏。"孩子不求完美，不用替我争脸面，不用为我传宗接代，更不用帮我养老。只要这个生命健康存在，在这个美丽的世界走一遭，让我有机会和他同行一段！

　　当时觉得这段话太鸡汤了，可如今发现，这才是大实话，在生儿育女这件事上，放下所有的期待，每个人才能呈现最美好的面目。

　　当我们放下期待的时候，我们才真正看见了孩子，而他们才能安心做自己。